Vegan backen mit Kathi Kuhlmann:

köstliche Frühlings- und Sommerrezepte

Vegan backen mit Kathi Kuhlmann:

köstliche Frühlings- und Sommerrezepte

Für den GrünerSinn-Verlag ist Nachhaltigkeit ein wichtiger Maßstab seines Handelns. Deshalb achten wir auch bei der Herstellung ganz besonders auf umweltfreundliche, ressourcenschonende und schadstofffreie Produktionsweisen und Materialien. So wird holzfreies Papier verwendet und für die Druckproduktion werden nur erneuerbare Energien und reine Pflanzenölfarben verwendet.

© 2019 GrünerSinn-Verlag, Bad Lippspringe

Konzept: Katharina Kuhlmann
Satz & Gestaltung: Katja Ott
Fotos: Katja Ott
weitere Fotos: Matthias Reiser (S.8, 24, 41, 43, 56-69, 74, 78, 80-88, 99, 101, 102, 106, 107, 108, 109,110-125,141-144) | Sabrina Mischnik (S.4-5,150)
Lektorat: Elena de F. Oliveira
Herstellung: Christian Dolezal, Grasl FairPrint www.grasl.eu

ISBN: 978-3-946625-83-4
1. Auflage 2019, GrünerSinn-Verlag
www.veganverlag.de

Ich widme dieses Buch meiner Mutter Frauke Kuhlmann (1943-2000)
und meinen Kindern Aaron Cedric und Elisa Marie.

In der Hoffnung, dass meine Kinder es erleben werden,
dass sich ihre Kinder später fragen, wieso man denn früher
Eier in die Kuchen getan hat.

Auf eine vegane, tierleidfreie Zukunft!

Inhaltsverzeichnis

ich freue mich, dass ihr euch für mein erstes Backbuch entschieden habt.

So oft habt ihr mich gefragt, wann ich denn endlich meine Rezepte in gebundener Form veröffentlichen werde. Zugegeben, es fehlte mir bis dahin wohl einfach der Mut. Und nun ist es endlich so weit.

Ich habe meine Leidenschaft für das Backen und Kochen erst richtig entdeckt, als die Einladung zum perfekten Promi Dinner (VOX) ins Haus flatterte. Sofort war ich vom Ehrgeiz gepackt, denn mir war es enorm wichtig zu zeigen, dass vegane Küche mehr ist, als nur Grünkernsuppe und Karottensalat.

Vor veganen Desserts hatte ich einen Heidenrespekt und dachte, dass ich bestimmt einen Konditor hier am Bodensee fände, bei dem ich einfach vegane Kuchen und Törtchen bestellen könnte. Fehlanzeige. In einem Naturkostladen wurde ich dann fündig. Allerdings hätte ich mir an den veganen Vollkorn-Nussecken, beinahe ein Stück Zahn abgebrochen.

Also musste ich mir etwas einfallen lassen, da ich nicht nur gewinnen, sondern gerade meinen Gästen, die weder vegan noch vegetarisch lebten, zeigen wollte, wie wundervoll und vielseitig die vegane Küche ist. Da alle starke Fleischliebhaber waren, war es mir wichtig, dass alle auch vegan voll auf ihre Kosten kommen.

Besonders empört war ich natürlich, als einer meiner Gäste mit einer Fast-Food-Tüte auftauchte, aus Angst, er würde bei mir nichts „Ordentliches" zu essen bekommen. Aber siehe da, ich habe tatsächlich auf voller Linie überzeugen können und erstmalig mit veganer Küche das perfekte Promi Dinner gewonnen. Das macht mich natürlich sehr stolz.

Ich ließ meine Freundin, die in einem bekannten Café in Friedrichshafen arbeitete, regelmäßig meine Kreationen probieren, da mir ihre fachkundige Beur- teilung sehr wichtig war. Ich wollte wissen, ob meine veganen Kuchen mit den anderen „normalen" Kuchen mithalten können.

Die Zeitungen berichteten über meinen TV-Gewinn und mein neues Hobby, das Backen. Meine Freundin machte ordentlich Werbung bei ihrem Chef, dass meine veganen Kuchen so lecker seien. So kamen dann die ersten Anfragen von Cafés aus der Umgebung, die gerne vegane Kuchen von mir beziehen wollten. Da ich aber keine gelernte Konditorin bin und es für mich auch keinen Sinn machte, diesen Beruf auf konventionellem Wege noch zu erlernen, stellte ich einen Antrag für eine Ausnahmebewilligung bei der Handwerkskammer. Nach bestandener Prüfung darf ich mich seit Februar 2014 Deutschlands erste vegane Konditorin nennen. Daraufhin habe ich im Keller meines Hauses meine eigene kleine Backstube eingerichtet. Dort kreiere ich meine neuen Rezeptideen, die ich dann monatlich im VEGAN-Magazin präsentiere.

Vorab von ganzem Herzen ein dickes Dankeschön an Katja Ott und Matthias Reiser für die wunderschönen Fotos. Auch Christian Vagedes, dem Herausgeber des VEGAN-Magazins und Gründer der veganen Gesellschaft Deutschland e.V., möchte ich meinen ganz besonderen Dank aussprechen, da er mich seit 2015 immer auf meinem Weg unterstützt hat.

Ich möchte mich bei so vielen Menschen an dieser Stelle noch bedanken: Bei meiner lieben Freundin Uta Devone und meinem Manager Ralf Behnke, die mich so liebevoll auf meinem Weg begleiten. Bei Elena de F. Oliveira und Nina Helmke für die tolle Hilfe bei der Korrektur und natürlich bei meinem Lebensgefährten und Papa meiner Kinder Ralf Sättele für seine Unterstützung bei der Umsetzung meines Buches. Und zu guter Letzt bei der lieben Karo Kelc vom Veganverlag.

Ich wünsche euch ganz viel Freude beim Nachbacken.

Von Herzen alles Liebe, Eure Kathi

Hilfreiche Infos
zu meinen Rezepten

Mehl

Ich empfehle für meine Rezepte das Dinkelmehl Type 630 in Bio-Qualität. Es kann aber auch ein klassisches Weizenmehl Type 550 verwendet werden.

Pflanzenöl

Ich arbeite sehr gerne mit Bio-Bratöl oder mit Rapsöl. Doch Vorsicht, nehmt nur geschmacksneutrales. Das Rapsöl in Bio-Qualität in Glasflaschen ist meist geschmacklich zu dominant und daher ungeeignet.

Margarine

Zum Einfetten von Backformen ist die Sorte egal. Achtet nur darauf, dass keine Molke oder andere tierische Zusätze enthalten sind.

Achtung: Für Buttercremes, Frostings (Zuckerhäubchen) und Kekse sollte aber nur die Margarine von Alsan verwendet werden. Sie steht im Kühlregal und sieht nicht nur aus wie Butter, sondern läßt sich auch genauso gut verarbeiten. Die Buttercreme und die Frostings können nur fest werden mit der Alsan-Margarine!

Milchersatz

Alle Rezepte können auch mit Mandel- oder Reismilch zubereitet werden. Lediglich bei der Buttercreme, den Frostings und bei den Puddings schwöre ich auf Sojamilch. Diese werden durch die in der Sojamilch enthaltenen Lecithine schön fest.

Sahne

Wenn ich Sahne schreibe, meine ich natürlich die vegane Alternative. Wichtig: Nehmt eine gesüßte und aufschlagbare (!) Variante wie z. B. von bedda, soyatoo oder Schlagfix.

Schokolade

Zartbitterschokolade ist in der Regel vegan. Wer es milder mag, kann auch Reismilchschokolade verwenden. Allerdings ist letztere nicht für Ganachen verwendbar.

Zucker

Ich verwende gerne Rohrohrzucker in Bio-Qualität. Zum Süßen von Sahnen verwende ich lieber gewöhnlichen Haushaltszucker. Wusstet ihr, dass ihr Puderzucker selbst herstellen könnt? Einfach den Zucker in einer elektrischen Kaffeemühle mahlen.

Frischkäse

Vegane Frischkäsesorten habe ich benutzt von bedda, simply V und von Heiler aus dem Reformhaus.

Kekse & Gebäck

Vegane Butter- und Zitronenkekse z. B. von Veganz.

Puddingpulver

Vegan in den Sorten Sahne, Erdbeere und Vanille z. B. von RUF.

Lebensmittelfarbe

In allen Farben vegan erhältlich von Wilton.

Fondant

Vegan in der Farbe Weiß z. B. von Dr. Oetker.

Ganache

Eine Ganache ist eine Mischung aus Zartbitterschokolade und veganer Sahne und bildet die ideale Grundlage für den Überzug mit Fondant.

Abkürzungen

EL: Esslöffel *TL:* Teelöffel *kg:* Kilogramm *g:* Gramm
l: Liter *ml:* Milliliter *Msp.:* Messerspitze *Pck.:* Päckchen

Backen mit ♥

Himbeer-Herz-Kuchen

mit Erdbeer-Rosenwasser-Buttercreme

Backutensilien

große Kastenform 30 cm x 11 cm
kleine Kastenform 25 cm x 7 cm
Ausstecher in Herzform
Winkelpalette

pinke Himbeerherzen

500 g Mehl
200 ml Öl
300 ml Sojamilch Vanille
100 g Zucker
100 ml Himbeersirup*
(* Das Rezept dazu findet
ihr auf Seite 88)
1/2 Zitrone (Saft)
30 g Speisestärke
6 g (1,5 TL) Backpulver
50 ml heißes Wasser
4 Msp. pinke
Lebensmittelfarbe (Wilton)

Vanille-Rosenwasser-Teig

400 g Mehl
250 ml Sojajoghurt Vanille
200 ml Sojamilch Vanille
150 ml Öl
150 g Zucker
1 Pck. Backpulver
1 TL Natron
1/2 Zitrone (Saft)
50 ml Sprudel

Für die pinken Herzen das Mehl mit dem Zucker und der Speisestärke kurz verrühren, dann die Vanille-Sojamilch und das Öl hinzugeben und alles gut mixen. Die halbe Zitrone auspressen und den Saft durch ein Sieb in den Teig geben. Die Lebensmittelfarbe im heißen Wasser auflösen und zusammen mit dem Himbeersirup zum Teig hinzufügen. Alles cremig mixen und dann das Backpulver hinzugeben. Den Backofen auf 175 °C vorheizen und die große Kastenbackform gut einfetten und mehlen. Den Teig erneut kurz aufmixen, in die Form gießen und glatt streichen. Bei 175 °C Ober- und Unterhitze 45 Minuten backen.

Wenn der Kuchen komplett ausgekühlt ist, den oberen, aufgegangenen Teil mit einem großen Messer begradigen. Den Kuchen in Scheiben schneiden und ca. 15 Herzen mit einer 4,5-5 cm großen Herzform ausstechen. Die harten Kuchenteile entsorgen. Aus den restlichen weichen Kuchenresten kann man noch Cake Pops zubereiten.

Für den Vanille-Rosenwasser-Teig das Mehl mit dem Zucker kurz verrühren. Die andere Zitronenhälfte auspressen und den Saft durch ein Sieb in den Teig hinzufügen. Öl, Sojamilch und Sojajoghurt dazugeben und alles cremig mixen. Backpulver, Natron und als Letztes den Sprudel hinzugeben.

Die kleine Kastenform gut einfetten und mehlen. Den Ofen auf 175 °C Ober- und Unterhitze vorheizen. Den Teig erneut kurz aufmixen und die Hälfte des Teigs in die Form gießen. Nun die Herzen mit der Spitze nach oben zeigend, enganliegend in die Mitte des Teigs legen und eindrücken. Die Herzen sollten alle auf der gleichen Höhe liegen und gleich ausgerichtet sein. Mit dem restlichen Teig bedecken und glatt streichen.

Nach 50 Minuten Backzeit den Kuchen aus dem Ofen nehmen und in der Form abkühlen lassen. Wenn der Kuchen komplett ausgekühlt ist, diesen stürzen. Dann den oberen, aufgegangenen Teil begradigen und auf die Seite legen. Wenn der Kuchen auf dem Kopf steht, hat das den Vorteil, dass die Oberfläche schön gerade ist.

Buttercreme

1/2 Pck. Erdbeerpuddingpulver
250 ml Sojamilch
1 EL Zucker
1 EL Rosenwasser
100 g Alsan(!)-Margarine

Dekoration

50 g Puderzucker
vegane Glitzerperlen (Funcakes)

Das Puddingpulver und den Zucker mit etwas Sojamilch verrühren. Die restliche Sojamilch aufkochen, das aufgelöste Puddingpulver unterrühren und unter ständigem Rühren erneut kurz aufkochen.

Die Margarine und das Rosenwasser zusammen mit dem Puderzucker cremig mixen. Den abgekühlten Pudding hinzugeben, nochmals durchmixen und anschließend kühl stellen. Wenn die Buttercreme fest geworden ist, alles in einen Spritzbeutel geben. Den Kuchen mit der Buttercreme mithilfe einer Winkelpalette ummanteln und mit Perlen verzieren.

Backen ist …
… aus Teig geformte Liebe!

Gugelhupf
mit Schokoladenherzen

Backutensilien

Kastenform (30 x 11 cm)
Ausstecher in Herzform 4,5-5 cm
Gugelhupfform (25 cm Ø)

Schokoladenteig

500 g Mehl
300 ml Sojamilch Vanille
150 ml Öl
100 g Margarine
(Zimmertemperatur)
150 g Zucker
3 EL Backkakao (schwach entölt)
3 EL Kaba
30 g Speisestärke
6 g (1 gehäufter TL) Backpulver
100 ml heißes Wasser

Gugelhupfteig

650 g Mehl
200 g Zucker
400 ml Sojamilch Vanille
1 Zitrone (Saft)
150 ml Öl
100 g Margarine
1 Pck. Backpulver
200 ml Sprudel
1 TL Natron

Schokoladenglasur

400 g Zartbitterschokolade
200 ml Sahne

Herzen

weißer Fondant
pinke Lebensmittelfarbe (Wilton)

Für den dunklen Teig – die Schokoladenherzen im Gugelhupf – alle trockenen Zutaten (Mehl, Zucker, Kakao, Kaba, Speisestärke und Backpulver) vermengen und unter ständigem Rühren die flüssigen Zutaten (Margarine, Öl, Sojamilch und Wasser) nach und nach dazugeben. Die Kastenform gut einfetten und den Ofen auf 175 °C Ober- und Unterhitze vorheizen. Den Teig hineingießen und glatt streichen. Auf mittlerer Schiene 45 Minuten backen. Bei gekippter Ofentür abkühlen lassen.

Den Schokoladenkuchen stürzen und den oberen, aufgegangenen Teil mit einem großen Messer begradigen. Im Anschluss den Kuchen längs in fingerbreite Scheiben schneiden. Pro Scheibe etwa 2 Herzen mit einer Herzform ausstechen. Die harten Kuchenteile entsorgen und die restlichen Kuchenkrümel z. B. zu Cake Pops weiterverarbeiten.

Für den Gugelhupf das Mehl mit dem Zucker kurz verrühren. Die Zitrone auspressen und den Saft durch ein Sieb in den Teig hinzufügen. Öl, Margarine und Sojamilch dazugeben und alles cremig mixen. Das Backpulver und Natron beimengen und als Letztes den Sprudel hinzugeben und erneut aufmixen. Die Gugelhupfform gut einfetten und mehlen. Den Ofen auf 200 °C Ober- und Unterhitze vorheizen. Die Hälfte des Teigs in die Form gießen und die Herzen kreisförmig mit der Spitze nach oben in den Teig stecken. Vorsichtig eindrücken und darauf achten, dass alle Herzen auf einer Ebene liegen. Die Herzen mit dem restlichen hellen Teig bedecken und glatt streichen. Nach 60 Minuten Backzeit auf mittlerer Schiene den Stäbchentest machen: Hierfür in die Mitte des Kuchens ein Holzstäbchen stecken. Klebt noch Teig am Stäbchen, die Backzeit um 5 Minuten verlängern. Den Ofen ausstellen und bei gekippter Ofentür den Gugelhupf abkühlen lassen.

Sahne im Topf erhitzen und mit der zerkleinerten Schokolade verrühren. Den abgekühlten Kuchen mithilfe eines Backpinsels mit der Glasur bestreichen.

Den weißen Fondant auf ein Backpapier legen. Zum Einfärben einen Zahnstocher in die pinke Farbe eintauchen und am Fondant abstreifen. Alles von Hand (Handschuhe tragen!) gut durchkneten. Den Vorgang so lange wiederholen, bis der gewünschte Farbton (pink) erreicht ist. Anschließend aus dem Fondant Herzen in verschiedenen Größen ausstechen und auf der noch weichen Schokoladenglasur verteilen.

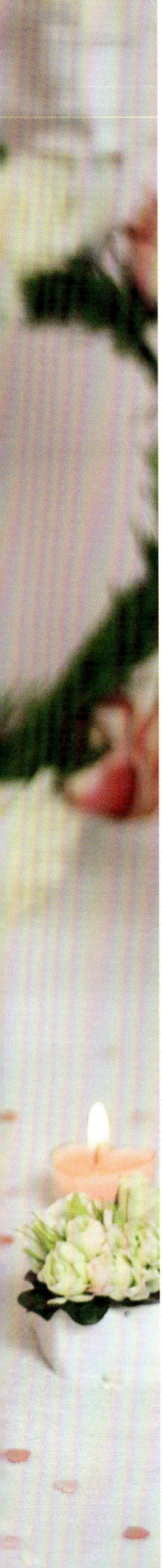

Rosenwasserkekse
mit Liebe gemacht

Backutensilien
Kekssausstecher in Herzform
Backblech

Teig
400 g Mehl
100 g Zucker
50 ml Öl
50 ml Sojamilch Vanille
100 g Margarine
(Zimmertemperatur)
2 TL Speisestärke
2 EL Rosenwasser
2 EL Himbeer-
oder Erdbeergelee

Rosé-Zuckerguss
5 EL Puderzucker
1 EL warmes Wasser
1 EL Himbeersirup*
(*Das Rezept dazu findet
ihr auf Seite 88)

Die Margarine mit der Sojamilch, dem Öl und der Speisestärke schön cremig mixen. Anschließend den Zucker, das Rosenwasser und das Mehl hinzugeben und alles mit dem Teigknethaken durchkneten.

Den Teig in Frischhaltefolie wickeln und für 30 Minuten in den Kühlschrank legen. Wer es eilig hat, kann den Teig auch sofort verarbeiten – hierzu dann aber extra viel Mehl auf der Arbeitsfläche, den Händen und der Teigrolle verteilen.

Aus dem Teig verschieden große Herzen ausstechen.

Für Kekse mit Geleefüllung eine extra große Herzform zum Ausstechen verwenden. Aus der Hälfte der Kekse anschließend mit einer kleineren Form mittig kleine Herzen ausstechen.

Im vorgeheizten Backofen bei 175 °C Ober- und Unterhitze auf mittlerer Schiene 15 Minuten backen.

Mit einem Teelöffel das Gelee mittig auf den unteren Keks geben. Die Kekse mit dem herzförmigen Loch auf den Keks drauflegen und leicht andrücken.

Für den Zuckerguss den Puderzucker ins warme Wasser einrühren und mit dem Himbeersirup einfärben. Die Kekse mit dem Zuckerguss bepinseln.

Crêpes-Torte
mit Himbeer-Buttercreme-Füllung

Utensilien

Crêpes-Pfanne
Teigverteiler

Keine Angst vor Crêpes! Ihr braucht unbedingt eine Crêpes-Pfanne, einen Teigverteiler/-portionierer und etwas Margarine zum Einfetten. Damit gelingen sie wirklich jedem und ihr werdet staunen, wie kinderleicht und superlecker sie sind.

Teig

1 l Sojamilch Vanille
600 g Mehl
4 EL Zucker
80 ml Öl
50 ml Sprudel

Das Mehl mit dem Zucker verrühren, nach und nach die flüssigen Zutaten (Öl und Sojamilch) hinzugeben und alles cremig mixen. Als Letztes den Sprudel hinzufügen und alles erneut aufmixen.

Die Crêpes-Pfanne leicht einfetten und auf mittlerer Hitze erwärmen. Den Teig mit einer Kelle hineingeben und mit einem Crêpes-Teigverteiler dünn in der Pfanne verteilen. Die fertigen Crêpes – ca. 15 Stück – nun exakt kreisrund schneiden. Dazu einen Tortenring oder eine Schüssel als Schablone auf die Crêpes legen und mit einem Messer entlang des Randes den überstehenden Teig abschneiden.

Füllung

350 g Himbeeren
(frisch oder tiefgekühlt)
30 g Speisestärke
4 EL Zucker
1 Pck. Vanillepuddingpulver
200 ml Sojamilch
1 EL Himbeersirup*
(* Das Rezept dazu findet
ihr auf Seite 88)
250 g Alsan(!)-Margarine
125 g Puderzucker

13 Himbeeren für die Dekoration zur Seite legen. Die restlichen Himbeeren im Topf kurz aufkochen und durch ein Sieb geben, um so die Himbeeren von den Kernen zu befreien. Die Speisestärke in 50 ml kaltem Wasser auflösen und in den abgesiebten Himbeersud zusammen mit dem Zucker unterrühren. Alles erneut kurz aufkochen. Während das Himbeerpüree abkühlt, den Vanillepudding kochen: Hierfür 175 ml Sojamilch erhitzen. Das Puddingpulver in der restlichen kalten Sojamilch (25 ml) auflösen und erst in den Topf einrühren, wenn die Sojamilch dampft und kurz davor ist, zu kochen. Alles so lange verrühren, bis der Pudding schön fest geworden ist. Von der Herdplatte nehmen und mit Alufolie abdecken. Die Alufolie muss direkt auf dem Pudding liegen, so bildet sich keine Haut. Die Margarine mit dem Himbeersirup schaumig mixen. Nach und nach den Puderzucker, den abgekühlten Pudding und das abgekühlte Himbeerpüree unterrühren.

Verzierung

13 Himbeeren
pinke vegane Glitter-
splitter (Küchle)

Alles kalt stellen und fest werden lassen. Einen kleinen Teil der Buttercreme in einen Spritzbeutel füllen, den Hauptteil mit einem Eisportionierer auf die Crêpes verteilen: Den untersten Crêpe auf eine Tortenplatte legen und mit einer Schicht Buttercreme messerdick bestreichen. Dann den zweiten Crêpe auflegen und den Vorgang wiederholen. Den obersten Crêpes mit Buttercreme-Häubchen und Himbeeren verzieren. Mit etwas pinkem Glitter durch ein Sieb bestäuben.

Crêpes-Röllchen
mit Füllung

Utensilien
Crêpes-Pfanne
Teigverteiler

Als Erstes den Pudding zuberieten. Dazu 400 ml Sojamilch erhitzen (statt den üblichen 500 ml, damit der Pudding schön dick wird). Das Vanillepuddingpulver mit 25 ml kalter Sojamilch und 2 EL Zucker verrühren.

Teig
1 l Sojamilch Vanille
600 g Mehl
4 EL Zucker
80 ml Öl
50 ml Sprudel

Sobald die Sojamilch dampft, das aufgelöste Puddingpulver-Zucker-Gemisch hinzugeben. Unter ständigem Rühren erneut kurz aufkochen und anschließend von der Herdplatte nehmen und mit Alufolie abdecken. Die Alufolie muss direkt auf dem Pudding liegen, so bildet sich keine Haut. Der Pudding wird sehr dick, das ist so gewollt.

Füllung
eine Handvoll frischer Früchte
eurer Wahl (Himbeeren,
Erdbeeren, Kirschen etc.)
1 Pck. Vanillepuddingpulver
425 ml Sojamilch
2 EL Zucker
150 ml gesüßte,
aufschlagbare (!) Sahne

Für den Crêpes-Teig die Sojamilch, das Mehl und das Öl (mit dem Handmixer cremig rühren und mit dem Zucker süßen. Als Letztes den Sprudel hinzugeben.

In einer vorgeheizten Crêpes-Pfanne etwas Margarine zergehen lassen, den Teig hineingeben, mit einem Crêpes-Teigverteiler oder einem zuvor in kaltes Wasser eingetauchten Esslöffel vorsichtig glatt streichen. Von beiden Seiten gold-gelb ausbacken und auf einen Teller geben.

Dekoration
kleine Spieße
Puderzucker
oder etwas selbst-
gemachten Himbeersirup*
(* Das Rezept dazu findet
ihr auf Seite 88)

Die Sahne aufschlagen und in den nun lauwarmen Pudding behutsam unterheben, auf den Crêpes mittig und längs verteilen und mit frischen Früchten füllen.

Die Crêpes einrollen, mit einem Holzstäbchen in der Mitte fixieren und entweder mit Puderzucker bestäuben oder mit unserem selbstgemachten Himbeersirup beträufeln.

Mein Tipp: Besonders gut schmecken sie auch mit Schokoladenfüllung. Wenn ihr die Crêpes in der Pfanne frisch gewendet habt, einfach etwas geraspelte vegane Schokolade eurer Wahl in die Mitte legen und sobald sie weich wird, über den Crêpes verteilen und diese dann einrollen.

Die Blumen des Frühlings sind die Träume des Winters

Khalil Gibran

Naked Cakes mit Biskuit und Buttercreme liegen voll im Trend und sind besonders für Einsteiger gedacht, die noch nicht so viel Übung haben. Eine einfache Torte mit gigantischer Wirkung und herrlichem Geschmack.

Der ursprüngliche oder traditionelle Biskuit besteht zu zwei Dritteln aus Hühnervolleiern, ist aber dennoch sehr luftig und locker. Bei unserer veganen Variante benötigen wir keinen Eiersatz, der Sojajoghurt- oder pudding reichen da völlig aus.

Mein Tipp: Den Kuchen am Vortag backen. Denn wenn er 8 Stunden geruht hat und kühl stand, lässt er sich besonders gut verarbeiten, und außerdem schmeckt er dann noch besser.

Wichtig: Anstelle einer Springform solltet ihr einen Tortenring oder eine gerade Tortenform verwenden. Eine übliche Backspringform ist konisch, wird also nach oben hin breiter, was zu unterschiedlich großen Teigplatten führen kann. Wer dennoch eine Springform verwenden möchte, sollte diese daher nur bis zur Hälfte mit Teig befüllen.

Rosenwasserbiskuit
mit Veilchenbuttercreme

Backutensilien
3 Springformen (18 cm Ø)
Tortenschneider
1 Spritzbeutel

Alle trockenen Zutaten (Mehl, Zucker, Vanillezucker und Backpulver) vermengen. Nach und nach die feuchten Zutaten (Öl, Rosenwasser, Pflanzenmilch und den Joghurt) hinzugeben.

Teig
600 g Mehl
500 g Sojajoghurt Vanille
200 g Zucker
200 ml Öl
2 Pck. Backpulver
300 ml Soja-Reis-Milch
50 ml Rosenwasser
2 Pck. Vanillezucker

Den Backofen auf 175 °C Ober- und Unterhitze vorheizen. Die Formen mit Backpapier auslegen und den Rand gut mit Margarine einpinseln. Den Teig auf die drei Formen verteilen und auf mittlerer Schiene 40 Minuten backen. Nach der Backzeit den Stäbchentest machen: Hierfür in die Mitte des Kuchens ein Holzstäbchen stecken. Klebt noch Teig am Stäbchen, die Backzeit um 5 Minuten verlängern. Die Kuchen aus dem Ofen nehmen und in der Form abkühlen lassen.

Buttercreme
2 Pck. Vanillepuddingpulver
500 ml Soja-Reis-Milch
125 g Puderzucker
250 g Alsan(!)-Margarine
100 ml Veilchensirup
(Monin)

Für die Buttercreme zuerst den Pudding aufkochen: Hierfür 450 ml Soja-Reis-milch für den Pudding erhitzen. Das Puddingpulver in der restlichen kalten Soja-Reis-Milch (50 ml) auflösen und erst in den Topf einrühren, wenn die Soja-Reis-Milch dampft und kurz davor ist, zu kochen. Gut verrühren, von der Herdplatte nehmen und mit Alufolie abdecken, so entsteht keine Haut auf dem Pudding. Der Pudding wird sehr dick, das ist so gewollt.

Die Alsan-Margarine in einem großen Gefäß cremig mixen und den Puderzucker hinzugeben. Nach und nach den abgekühlten Pudding dazugeben. Als Letztes den Veilchensirup und die Lebensmittelfarben hinzu: Zuerst lila und dann pink (da es sonst eher gräulich aussieht), bis der gewünschte Farbton erreicht ist. Die Buttercreme für eine Stunde in den Kühlschrank stellen.

Dekoration
Ein paar frische Veilchenblüten
(Primeln sehen auch sehr
hübsch dazu aus)

Die Kuchen aus der Form lösen und den oberen, unebenen Teil des Kuchens mit einem Tortenschneider oder einem langen Brotmesser begradigen. Jeden Kuchen in zwei gleich große Platten schneiden. Unbedingt vorher abmessen, damit jede Kuchenschicht gleich hoch ist.

Die Buttercreme mit einem Spritzbeutel gleichmäßig auf der unteren Kuchen-platte verteilen. Eine zweite Kuchenplatte vorsichtig auf die Buttercreme setzen und die nächste Buttercremeschicht auftragen. Diesen Vorgang für alle Kuchen-platten wiederholen.

Mit den Blüten nach Herzenslust dekorieren.

Schokoladenbiskuit

mit Erdbeer-Himbeer-Buttercreme

Backutensilien

3 Springformen (18 cm Ø)
Tortenschneider
Spritzbeutel

Teig

600 g Mehl
500 g feinherber
Schokoladenpudding (Alpro)
300 ml Sojamilch Vanille
200 g Zucker
200 ml Öl
3 EL Kaba
3 EL Backkakao
50 ml Sprudel
2 Pck. Backpulver

Buttercreme

500 ml Soja-Reis-Milch
2 Pck. Erdbeerpuddingpulver
1 EL Himbeersirup*
(*Das Rezept dazu
findet ihr auf Seite 88)
250 g Alsan(!)-Margarine
125 g Puderzucker
2-3 Msp. pinke Lebensmittelfarbe
(Wilton)

Dekoration

frische Erdbeeren
Schokoladenstreusel

Alle trockenen Zutaten (Mehl, Zucker, Backkakao, Kaba und Backpulver) vermengen und nach und nach die feuchten Zutaten (Öl, Wasser, Pflanzenmilch und Schokoladenpudding) hinzugeben.

Den Ofen auf 175 °C Ober- und Unterhitze vorheizen. Die Formen mit Backpapier auslegen und den Rand gut mit Margarine einpinseln. Den Teig auf die drei Formen verteilen und auf mittlerer Schiene 40 Minuten backen. Nach der Backzeit den Stäbchentest machen: Hierfür in die Mitte des Kuchens ein Holzstäbchen stecken. Klebt noch Teig am Holzstäbchen, die Backzeit um 5 Minuten verlängern. Die Kuchen aus dem Ofen nehmen und in der Form abkühlen lassen.

Für die Buttercreme zuerst den Pudding aufkochen: Hierfür 450 ml Soja-Reis-Milch für den Pudding erhitzen. Das Puddingpulver in der restlichen kalten Soja-Reis-Milch (50 ml) auflösen und erst in den Topf einrühren, wenn die Sojamilch dampft und kurz davor ist, zu kochen. Gut verrühren, von der Herdplatte nehmen und mit Alufolie abdecken. Die Alufolie muss direkt auf dem Pudding liegen, so bildet sich keine Haut.

Die Alsan-Margarine in einem großen Gefäß cremig mixen und den Puderzucker hinzugeben. Nach und nach den abgekühlten Pudding dazugeben. Als Letztes den Himbeersirup und die Lebensmittelfarbe beimengen und für eine Stunde in den Kühlschrank stellen.

Die Kuchen aus den Formen lösen und die oberen unebenen Teile der Kuchen mit einem Tortenschneider oder einem langen Brotmesser begradigen. Jeden Kuchen in zwei gleich große Platten schneiden. Unbedingt vorher abmessen, damit jede Kuchenschicht gleich hoch ist.

Die Buttercreme in einen Spritzbeutel geben und gleichmäßig auf der unteren Kuchenplatte verteilen. Eine zweite Kuchenplatte vorsichtig auf die Buttercreme setzen und die nächste Buttercremeschicht auftragen. Vorgang wiederholen. Die oberste Schicht mit frischen Erdbeeren und Schokoladenstreuseln verzieren.

Himbeerbiskuit
mit Kokosbuttercreme

Backutensilien
4 Springformen (16 cm Ø)
1 Spritzbeutel

Teig
400 g Mehl
200 ml Sojamilch Vanille
150 ml Öl
100 g Zucker
1 Pck. Backpulver
1 Sojajoghurt Vanille (500 ml)
1 Msp. pinke Lebensmittelfarbe (Wilton)
100 ml Himbeersirup*
(* Das Rezept dazu
findet ihr auf Seite 88)

Buttercreme
2 Pck. Sahnepuddingpulver
500 ml Sojamilch
50 g Kokosnussraspel
250 g Alsan(!)-Margarine
(Raumtemperatur)
125 g Puderzucker
50 ml Kokossirup (Monin)

Dekoration
frische Himbeeren
Kokosnussraspel

Alle trockenen Zutaten (Mehl, Zucker und Backpulver) vermengen und nach und nach die feuchten Zutaten (Öl, Sirup, Pflanzenmilch und Sojajoghurt) hinzugeben. Die Lebensmittelfarbe allerdings als Letztes, da der Teig schön cremig gerührt sein muss, bevor man ihn einfärbt.

Den Backofen auf 175 °C Ober- und Unterhitze vorheizen. Die Formen mit Backpapier auslegen und den Rand gut mit Margarine einpinseln.

Den Teig gleichmäßig in die Backformen verteilen und auf mittlerer Schiene 40 Minuten backen. Nach der Backzeit den Stäbchentest machen: Hierfür in die Mitte des Kuchens ein Holzstäbchen stecken. Klebt noch Teig am Holzstäbchen, die Backzeit um 5 Minuten verlängern. Die Kuchen aus dem Ofen nehmen und in der Form abkühlen lassen.

Für die Buttercreme zuerst den Pudding aufkochen: Hierfür 450 ml Sojamilch erhitzen. Das Puddingpulver in der restlichen kalten Sojamilch (50 ml) auflösen und erst in den Topf einrühren, wenn die Sojamilch dampft und kurz davor ist, zu kochen. Alles so lange verrühren, bis der Pudding schön fest geworden ist. Von der Herdplatte nehmen und mit Alufolie abdecken. Die Alufolie muss direkt auf dem Pudding liegen, so bildet sich keine Haut.

Die Alsan-Margarine in einem großen Gefäß cremig mixen und den Puderzucker hinzugeben. Dann nach und nach den abgekühlten Pudding dazu. Als Letztes die Kokosnussraspel und den Kokosnusssirup hinzugeben und für eine Stunde in den Kühlschrank stellen.

Die Kuchen aus den Formen lösen. Die oberen unebenen Teile der Kuchen mit einem Tortenschneider oder einem langen Brotmesser abschneiden.

Anschließend den äußeren Rand abschneiden. So kommt die pinke Farbe des Teigs erst richtig zum Vorschein und zur Geltung. Hierzu einen 1-2 cm kleineren Tortenring, ein anderes rundes Gefäß oder einen Teller als Schablone auf den Kuchen legen und den Rand mit einem Messer abtrennen. Das Messer hierbei senkrecht halten.

Die Buttercreme in einen Spritzbeutel geben und gleichmäßig auf der unteren Kuchenplatte verteilen. Eine zweite Kuchenplatte vorsichtig auf die Buttercreme setzen und die nächste Buttercremeschicht auftragen. Den Vorgang wiederholen. Die oberste Schicht mit frischen Himbeeren und ein paar Kokosraspeln verzieren.

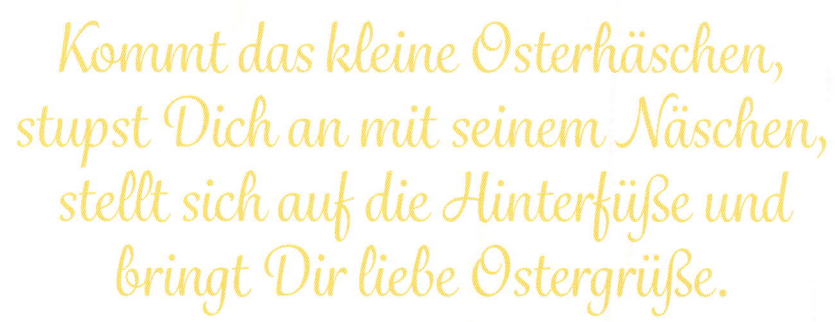

Kommt das kleine Osterhäschen,
stupst Dich an mit seinem Näschen,
stellt sich auf die Hinterfüße und
bringt Dir liebe Ostergrüße.

XXL-3D-Osterei
der Star der Tafel

Backutensilien
2 Puppenrockbackformen
(20 x 20 x 20 cm pro Form) alternativ zwei Gugelhupfformen
Winkelpalette

Teig
500 g Mehl
250 ml Sojamilch Vanille
150 g Margarine
100 ml Öl
50 ml Sprudel
100 g Zucker
100 ml heißes Wasser
3 EL Backkakao
1 Pck. Backpulver

Ganache
200 ml Sahne
400 g Zartbitterschokolade

Dekoration
bunte Zuckerschmetterlinge
(Dr. Oetker)

Für die Ganache (die Unterlage für den Fondant) Sahne im Topf erhitzen und die Schokolade mit einem großen Messer zerkleinern. Sobald die Sahne dampft, die Schokoladenstücke unterrühren, bis alles gut aufgelöst ist und zu einer gleichmäßigen Schokoladencreme wird.

Als Erstes alle trockenen Zutaten (Mehl, Zucker und Backpulver) bis auf den Kakao vermengen. Dann die flüssigen Zutaten hinzugeben. Das heiße Wasser und den Sprudel als letzten Schritt. Den Backofen auf 200 °C Ober- und Unterhitze vorheizen. Die Formen gut einfetten und 2/3 des Teigs einfüllen. Den restlichen Teig mit dem Kakaopulver vermengen, kurz aufmixen und ebenfalls in die Backform geben. Mit einem Stäbchen oder einer Gabel die Schokomasse mit der hellen Teigmasse kurz verrühren, sodass ein Marmormuster entsteht.

Auf unterer Schiene für 60 Minuten backen. Mit einem Stäbchen prüfen, ob der Teig durchgebacken ist. Hierfür in die Mitte des Kuchens ein Holzstäbchen stecken. Klebt noch Teig am Stäbchen, die Backzeit um weitere 5 Minuten verlängern. Die Kuchen aus dem Ofen nehmen und in der Form abkühlen lassen.

Wenn die Kuchen abgekühlt sind, die Kuchen stürzen und auf den Kopf stellen. Den oberen Teil des Kuchens jeweils mit einem langen Brotmesser begradigen. Den unteren Kuchen mit einer dicken Schicht der noch warmen Ganache bestreichen. Den anderen Kuchen aufsetzen und das komplette „Kuchenei" gleichmäßig mithilfe einer Winkelpalette mit der Ganache bestreichen.

Jetzt nach Herzenslust mit veganen Zuckerstreuseln oder anderen Motiven aus selbst eingefärbtem Fondant verzieren.

Mein Tipp: Den Kuchen am besten am Vortag backen. Wenn der Kuchen 8 Stunden geruht hat und kühl stand, lässt er sich besonders gut verarbeiten, und außerdem schmeckt er dann noch besser.

Margeritenkuchen

mit Aprikosen-Kokos-Füllung

Backutensilien

Springform (20 cm Ø)
Winkelpalette
Fondantglätter

Teig

400 g Mehl
100 g Zucker
400 g Aprikosen aus der Dose
zzgl. 100 ml Aprikosenwasser
150 ml Öl
100 g Kokosraspel
2 Pck. Vanillezucker
1 Pck. Backpulver
100 ml Soja-Reis-Milch

Ganache

200 ml Sahne
400 g Zartbitterschokolade

Dekoration

400 g weißer Fondant
gelbe Lebensmittelfarbe (Wilton)
100 g weißer Fondant für die
Blüten und den Osterhasen

Für den Teig die trockenen Zutaten (Mehl, Zucker, Kokosraspel und Vanillezucker) verrühren. Die Aprikosen klein schneiden, zusammen mit dem Aprikosenwasser hinzugeben und alles gut mixen. Jetzt die restlichen flüssigen Zutaten (Öl und Soja-Reis-Milch) nach und nach hinzugeben und cremig mixen. Als Letztes das Backpulver hinzugeben und alles erneut kurz aufmixen. Den Ofen auf 175 °C Ober- und Unterhitze vorheizen. Die Backform mit Backpapier auslegen, den Rand mit Margarine gut einfetten und die Teigmasse einfüllen.

Den Kuchen auf mittlerer Schiene 60 Minuten bei backen. Nach der Backzeit den Stäbchentest machen, um zu prüfen, ob der Kuchen durchgebacken ist: Hierfür in die Mitte des Kuchens ein Holzstäbchen stecken. Klebt noch Teig beim Herausziehen daran, die Backzeit um 5 Minuten verlängern. Den Kuchen aus dem Ofen nehmen und in der Form abkühlen lassen.

Die Ganache bildet die ideale Grundlage für den Fondant. Die Sahne im Topf erhitzen und die Schokolade mit einem großen Messer zerkleinern. Sobald die Sahne dampft, die Schokoladenstücke unterrühren, bis alles gut aufgelöst ist und zu einer gleichmäßigen Schokocreme wird. Den oberen unebenen Teil des Kuchens mit einem Tortenschneider oder einem langen Brotmesser abschneiden. Den Kuchen mit einer Winkelpalette mit der handwarmen Ganache bestreichen und gegebenenfalls Unebenheiten ausbessern. Anschließend den Kuchen für eine Stunde in den Kühlschrank stellen. Jetzt eine weitere Schicht Ganache auftragen und bei Zimmertemperatur trocknen lassen.

Wichtig: Saubere Hände oder Einweghandschuhe tragen!
Als Erstes die Blüten und den Hasen ausstechen. Hierfür 100 g weißen Fondant in gewünschter Dicke ausrollen. Wichtig: Die Platte oder Unterlage muss sauber und trocken sein. Ich empfehle, etwas Stärke auf die Fläche zu pudern, damit der Fondant nicht haften bleibt. Die Blüten und den Hasen trocknen lassen. Im Anschluss den restlichen Fondant mit gelber Lebensmittelfarbe von Wilton einfärben: Hierfür mit dem Zahnstocher in die Farbe eintauchen, am Fondant abstreifen, gut kneten und den Vorgang so lange wiederholen, bis der gewünschte Gelbton erreicht ist.

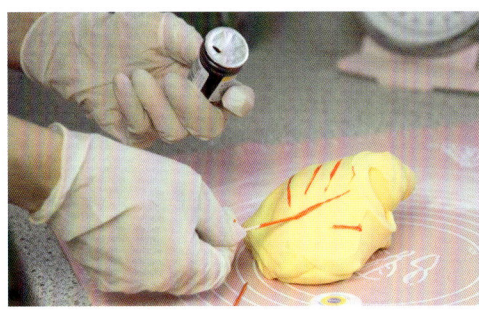

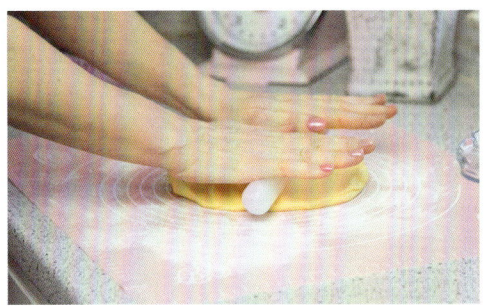
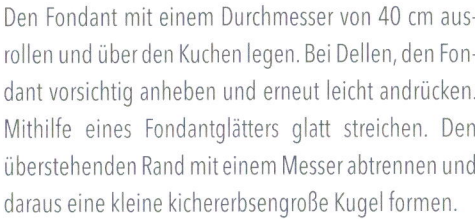

Den Fondant mit einem Durchmesser von 40 cm ausrollen und über den Kuchen legen. Bei Dellen, den Fondant vorsichtig anheben und erneut leicht andrücken.
Mithilfe eines Fondantglätters glatt streichen. Den
überstehenden Rand mit einem Messer abtrennen und
daraus eine kleine kichererbsengroße Kugel formen.

Die Blüten mit einem in etwas Wasser eingetauchten
Pinsel auf der Rückseite befeuchten und auf dem Kuchen verteilen. Den Hasen in der Mitte des Kuchens
aufrecht platzieren und mit einer kleinen Fondantku-
gel auf der Rückseite stabilisieren. Beides ebenfalls
mit dem Pinsel vorher befeuchten.

Als Letztes den Kuchenrand mit einem schönen Geschenkband verzieren.

Osterlämmchen

ein schöner Klassiker

Backutensilien
Osterlammbackform
ca. 27,5 x 15 x 6,5 cm

Zutaten
200 g Mehl
8 EL Zucker
1 Pck. Vanillezucker
200 ml Mandelmilch
(oder eine andere Pflanzenmilch)
100 ml Öl
2 TL Backpulver

Dekoration
2 EL Puderzucker

Alle trockenen Zutaten vermengen. Nach und nach die flüssigen Zutaten hinzufügen, alles schön cremig mixen. Den Backofen auf 200 °C Ober- und Unterhitze vorheizen. Die Osterlammbackform mithilfe eines Backpinsels gut mit Margarine einfetten. Den Teig in die Backform einfüllen und diese zur Sicherheit in eine Springform stellen, da es manchmal passieren kann, dass etwas Teig ausläuft.

Nach der Backzeit den Stäbchentest machen: Hierfür in die Mitte des Lämmchens ein Holzstäbchen stecken. Klebt noch Teig beim Herausziehen daran, die Backzeit um 5 Minuten verlängern. Den Kuchen aus dem Ofen nehmen und in der Form abkühlen lassen. Wenn das Lämmchen abgekühlt ist, vorsichtig aus der Form lösen und mit gesiebtem Puderzucker bestreuen.

Mein Tipp:
Wer gerne ein dunkles Lamm machen möchte, fügt einfach noch einen Esslöffel Kaba und einen Esslöffel Kakao hinzu. Falls der Teig dadurch zu fest wird, einen Schuss Sprudel dazugeben.

Karottenkuchen
nicht nur an Ostern ein Genuss

Die Karotten schälen und ganz fein reiben. Hierfür nehmt ihr am besten eine extra feine Käsereibe.

Als Erstes alle trockenen Zutaten (Mehl, Haferflocken, Sojamehl, Zucker und die gehackten Nüssen) vermengen. Danach die feuchten Zutaten (Sahne, Öl sowie die Karottenraspel) hinzufügen und alles schön cremig mixen. Als Letztes mit den Gewürzen (Zimt und Ingwer) verfeinern und alles erneut kurz aufmixen. Den Backofen auf 200 °C Ober- und Unterhitze vorheizen.

Die Springform am Rand gut einfetten und den Boden mit Backpapier auslegen. Den Teig in die Form gießen und auf mittlerer Schiene für 55 Minuten backen.

Nach der Backzeit den Stäbchentest machen: Hierfür in die Mitte des Kuchens ein Holzstäbchen stecken. Klebt noch Teig beim Herausziehen daran, die Backzeit 5 Minuten verlängern. Den Kuchen aus dem Ofen nehmen und in der Form abkühlen lassen.

Den abgekühlten Kuchen mit Zuckerguss bestreichen. Hierfür das Wasser oder den Zitronensaft mit dem Puderzucker mithilfe eines Schneebesens vermengen. Wenn der Guss schön dick und weiß sein soll, dann nur 3 Esslöffel Flüssigkeit hinzugeben.

Karottenkuchen

in Karottenform

Backutensilien

1 Kastenform 30 x 11 cm

Die Möhren schälen und ganz fein reiben – hierfür empfehle ich eine extra feine Käsereibe.

Teig

150 g Karotten
150 g Mehl
50 g zarte Haferflocken
100 g Zucker
1/2 EL Sojamehl oder
1 EL Speisestärke
1/2 Pck. Backpulver
50 g gehackte Walnüsse
oder Mandeln
1/2 TL Zimt
2 Msp. gemahlener Ingwer
60 ml Öl
150 ml gesüßte Sahne

Als Erstes alle trockenen Zutaten (Mehl, Haferflocken, Sojamehl, Zucker und die gehackten Nüssen) vermengen. Danach die feuchten Zutaten (Sahne, Öl sowie die Möhrenraspel) hinzufügen und alles schön cremig mixen. Als Letztes mit den Gewürzen (Zimt und Ingwer) verfeinern und alles erneut kurz aufmixen.

Den Backofen auf 200 °C Ober- und Unterhitze vorheizen. Die Kastenform gut mit Margarine einfetten. Den Teig in die Form gießen und glatt streichen und für 45 Minuten auf mittlerer Schiene backen.

Nach der Backzeit den Stäbchentest machen: Hierfür in die Mitte des Kuchens ein Holzstäbchen stecken. Klebt noch Teig beim Herausziehen daran, die Backzeit 5 Minuten verlängern. Den Kuchen aus dem Ofen nehmen und in der Form abkühlen lassen.

Dekoration

200 g Marzipan
rote und gelbe Lebensmittelfarbe
(Wilton)
1 Bund frischer Schnittlauch
für das Karottengrün

Den abgekühlten Kuchen vorsichtig stürzen und auf ein Holzbrett legen. Die gewölbten Seite zeigt nach oben. Die Ecken der oberen Seite des Kuchens mit einem scharfen Küchenmesser leicht abrunden. Für die Karottenspitze den Kuchen ab dem letzten Drittel spitz zulaufen lassen. Hierfür mit dem Messer die Ecken großzügig abschneiden.

Das Marzipan mithilfe eines Zahnstochers mit etwas roter und gelber Lebensmittelfarbe bestreichen und gut durchkneten. Den Vorgang wiederholen, bis der gewünschte Farbton für die Karotte erreicht ist. Hierfür Einweghandschuhe tragen. Das Marzipan zwischen zwei Backpapierbögen ausrollen. Den Karottenkuchen mit dem ausgerollten Marzipan eindecken und dieses vorsichtig andrücken. Die Überreste mit einem Messer abtrennen.

Zur Dekoration etwas Schnittlauch am oberen Ende des Kuchens anbringen. Dadurch sieht er wie eine richtige Karotte aus.

Spiegeleikekse

mit Aprikosenmarmelade

Keksausstecher in Eiform
Backblech

Teig
400 g Mehl
125 g Margarine
(Zimmertemperatur)
100 g Zucker
50 ml Sojamilch Vanille
15 g Speisestärke
1 paar Spritzer Zitronensaft oder
Zitronenaroma
100 g weißer Fondant
gelbe Lebensmittelfarbe
(Wilton)
Aprikosenmarmelade

Zuckerwasser
3 EL warmes Wasser
1 TL Puderzucker

Ein niedlicher Hingucker für jedes Osternest.

Als Erstes alle trockenen Zutaten mischen. Dann nach und nach alle flüssigen Zutaten hinzufügen und mit dem Knethaken gut durchkneten. Anschließend von Hand den Teig zu einer glatten Teigkugel formen. Auf einer bemehlten Fläche ausrollen und mit einem Keksausstecher die Eier ausstechen. Aus der Hälfte der Teigeier mit einer kleinen runden Form ein Loch ausstechen.

Die Kekse bei 175 °C Ober- und Unterhitze auf mittlerer Schiene 12 Minuten backen. Bei leicht gekippter Ofentür die Kekse im Ofen auskühlen lassen.

Nun die Eier mit Fondant bedecken. Hierfür den Fondant dünn ausrollen und mit dem Keksausstecher ebenfalls Eier ausstechen. An etwa der gleichen Stelle wie bei den Keksen ein Loch für das Eigelb ausstechen.

Für das Zuckerwasser, das wie ein Lebensmittelkleber fungiert, den Puderzucker im warmen Wasser auflösen. Jeden Keks mit etwas Zuckerwasser bestreichen und mit dem Fondant eindecken. Wichtig: Mit sauberen (!) Fingern den Fondant am Keksrand und innerhalb des Lochs festdrücken. Einen halben Teelöffel Aprikosenmarmelade auf die ganzen Kekse geben und anschließend jeweils einen weißen Fondantkeks drauflegen und leicht andrücken.

Mein Tipp: Süß sieht es auch aus, wenn man den Fondant z. B. gelb einfärbt und die Kekse nur mit Fondant bedeckt und als „Eigelb" die weißen Fondantreste der anderen Kekse aufklebt.

Spiegeleikuchen
vom Blech

Backutensilien
Backblech 46,5 x 34,5 cm

Ihr werdet mit diesem Rezept eure Gäste nicht nur geschmacklich, sondern auch optisch regelrecht begeistern.

Teig
400 g Mehl
200 g Zucker
150 g Margarine
50 ml Öl
1/2 Zitrone (Saft)
1/2 Pck. Backpulver
1/2 TL Natron
1 TL Speisestärke

Für den Teigboden die trockenen Zutaten (Mehl, Zucker und Speisestärke) mischen und mit dem Öl und der Margarine gut mixen. Natron und Backpulver dazugeben und kurz aufmixen. Als Letztes den frischen Zitronensaft (am besten durch ein Sieb) hinzufügen und mit dem Sprudel erneut mixen. Den Teig zwischen zwei Backpapierbögen ausrollen und auf ein mit Backpapier ausgelegtes Backblech geben. Mit gemehlten Händen sorgfältig verteilen und glatt drücken. Bei 175 °C Ober- und Unterhitze auf mittlerer Schiene 25 Minuten backen. Den Kuchen aus dem Ofen nehmen und in der Form abkühlen lassen.

Belag
100 ml Sprudel
750 ml Sojamilch
2 Pck. Vanillepuddingpulver
1 EL Zucker
2 Pck. Sahnesteif
400 ml gesüßte,
aufschlagbare (!) Sahne
2 Dosen Aprikosenhälften
(480 g Abtropfgewicht)
2 Pck. Tortenguss (klar)

Für den Belag zuerst den Pudding aufkochen: Hierfür 700 ml Sojamilch erhitzen. Das Puddingpulver und den Zucker in der restlichen kalten Sojamilch (50 ml) auflösen und erst in den Topf einrühren, wenn die Sojamilch dampft und kurz davor ist, zu kochen. Gut verrühren, von der Herdplatte nehmen und mit Alufolie abdecken. Die Alufolie muss direkt auf dem Pudding liegen, so bildet sich keine Haut.

Den Kuchen mit dem Sahnesteifpulver oder gewöhnlicher Speisestärke bestreuen. Das verhindert, dass der Kuchen zu sehr aufweicht. Den noch warmen Pudding gleichmäßig auf dem Teigboden verteilen und abkühlen lassen.

Die kalte (!) Sahne steif schlagen und auf dem abgekühlten Pudding gleichmäßig verteilen. Die Aprikosenhälften abgießen und auf ein Küchentuch legen. Das Aprikosenwasser für den Tortenguss aufbewahren. Das Aprikosenwasser mit so viel kaltem Wasser ergänzen, dass man insgesamt 500 ml kalte Flüssigkeit erhält. In einem Topf mit dem aufgelösten Tortengusspulver unter ständigem Rühren aufkochen und 1-2 Minuten abkühlen lassen. Die Aprikosenhälften auf der Sahne im gewünschten Abstand verteilen und den Kuchen mit dem Tortenguss begießen. Zum gleichmäßigen Verteilen empfehle ich einen Backpinsel.

Spiegeleimuffins
mit Aprikosen

Backutensilien
Muffinbackblech
12 Muffinförmchen (Papier)

Teig
200 g Mehl
200 g Zucker
100 ml Öl
1 Dose Aprikosenhälften (480 g
Abtropfgewicht; davon 12 Stück
für den Belag und 6 für den Teig)
1/2 Pck. Backpulver
1 Msp. Natron
1 Pck. Vanillezucker

Belag
12 Aprikosenhälften
200 g weißer Fondant
3 EL Speisestärke

Zuckerwasser
1 TL Puderzucker
2 EL Wasser

Als Erstes die Aprikosen abgießen und 200 ml des Aprikosenwassers auffangen. Für die spätere Dekoration der Muffins 12 Aprikosenhälften auf einem Geschirrtuch auslegen. Weitere 6 Aprikosenhälften in feine Stückchen schneiden und ebenfalls auf die Seite legen. Die trockenen Zutaten (Mehl, Zucker und Vanillezucker) in einer Schüssel vermengen. Nach und nach die flüssigen Zutaten (Öl, Aprikosenwasser und Aprikosenstückchen) hinzugeben und alles gut mixen. Zum Schluss das Natron und das Backpulver hinzugeben und alles erneut kurz aufmixen.

Den Backofen auf 175 °C Ober- und Unterhitze vorheizen. Die Muffinförmchen in das Muffinbackblech legen und mit dem Teig zu ca. 3/4 voll füllen.

Auf mittlerer Schiene 30 Minuten backen. Nach der Backzeit den Stäbchentest machen: Hierfür in die Mitte des Muffins ein Holzstäbchen stecken. Klebt noch Teig beim Herausziehen daran, die Backzeit um 5 Minuten verlängern. Den Ofen ausstellen und die Muffins bei leicht gekippter Ofentür auskühlen lassen.

Den weißen Fondant auf einer mit Speisestärke bestreuten Arbeitsfläche 1-2 Millimeter dick ausrollen. Mit einem Glas runde Kreise ausstechen. Für das Zuckerwasser, das als Lebensmittelkleber fungiert, den Puderzucker im warmen Wasser auflösen. Mit etwas Zuckerwasser den Fondant auf die abgekühlten Muffins kleben. In die Mitte einen halben Teelöffel Speisestärke geben, das verhindert, dass der Fondant durch das Aprikosenwasser zu sehr aufweicht. Die Aprikosenhälften aufsetzen und eure Gäste mit diesen verblüffend echt aussehenden Spiegeleiern überraschen.

Kokosmuffins
mit Osterglöckchen

Backutensilien
Muffinbackblech
12 Muffinförmchen (Papier)
Blütenausstecher (ca. 2,5 cm)
Strohhalm

Die trockenen Zutaten (Kokosraspel, Zucker, Vanillezucker und Mehl) in einer Schüssel vermengen. Dann die feuchten Zutaten (Kokosmilch, Öl und Zitronensaft) hinzugeben und cremig mixen. Falls der Teig zu dick ist, noch etwas Sprudel hinzugeben. Das Backpulver und das Natron als Letztes hinzugeben und alles erneut aufmixen.

Teig
200 g Mehl
180 g Zucker
1 Pck. Vanillezucker
200 ml Kokosmilch
100 ml Öl
50 g Kokosraspel
1/2 Pck. Backpulver
1 Msp. Natron
1 paar Spritzer Zitronensaft
Optional: 50 ml Sprudel

Die Muffinförmchen auf das Muffinblech legen und mit dem Teig zu ca. 3/4 voll füllen. Bei 175 °C Ober- und Unterhitze auf mittlerer Schiene 22 Minuten backen. Nach der Backzeit den Stäbchentest machen: Hierfür in die Mitte des Muffins ein Holzstäbchen stecken. Klebt noch Teig beim Herausziehen daran, die Backzeit um 5 Minuten verlängern. Den Ofen ausstellen und die Muffins bei leicht gekippter Ofentür auskühlen lassen.

Den weißen Fondant dünn ausrollen und mit einem Glas 12 Kreise ausstechen. Mit etwas Zuckerwasser die abgekühlten Muffins beträufeln und die Fondantscheiben auflegen.

Dekoration
50 g Kokosraspel
200 g Fondant
gelbe Lebensmittelfarbe
(Wilton)

Mit einem Strohhalm 12 kleine Kreise ausstechen und falls sie sich nicht lösen, diese herauspusten. Den restlichen Fondant kneten und mit gelber Lebensmittelfarbe einfärben: Mit einem Zahnstocher ein oder zwei Tropfen gelbe Farbe am Fondant abstreifen und gut durchkneten, bis der gewünschte Farbton erreicht ist.

Zuckerwasser
1 TL Puderzucker
aufgelöst in 2 EL Wasser

Mit einem Blütenförmchen den Fondant ausstechen. Damit die Blütenblätter sich nach oben winden, die ausgestochenen Fondantblüten auf ein mit Frischhaltefolie bespanntes Glas oder Schälchen legen.

Mein Tipp: Die Blüten schon am Vortag vorbereiten, da der Fondant mindestens 6 Stunden austrocknen muss.

Den weißen Fondant ein wenig mit Zuckerwasser beträufeln und mit Kokosraspeln bestreuen. Die weißen kleinen Punkte auf die Mitte der Blumen kleben und dann die Blüten auf die Muffins legen.

Limoncello-Buttercreme-Torte

Backutensilien

4 Backformen (16 cm Ø)
Tortenschneider
Spritzbeutel
Winkelpalette

Teig

400 g Mehl
1/2 Pck. Backpulver
1/2 TL Natron
1 TL Speisestärke
2 Pck. Vanillezucker
150 ml Öl
180 g Zucker
180 ml Mandelmilch
(oder andere Pflanzenmilch)
125 ml Sprudel
1 Bio-Zitrone (Saft)
etwas geriebene Zitronenschale

Limoncellobuttercreme

250 ml Sojamilch
1 Pck. Vanillepuddingpulver
50 ml Limoncello
1 Zitrone (Saft)
etwas geriebene Zitronenschale
125 g Alsan(!)- Margarine
(Zimmertemperatur)
100 g Puderzucker
2 Pck. zarte Dekorblüten
(Dr. Oetker)

Das Mehl, die Speisestärke, den Zucker, das Öl, den Vanillezucker und die Mandelmilch vermengen und alles gut mixen. Anschließend Natron, Backpulver und Sprudel hinzufügen und kurz aufmixen. Als letzten Schritt den frischen Zitronensaft (durch ein Sieb) und die geriebene Zitronenschale dazugeben und erneut mixen.

Den Ofen auf 175° C Ober- und Unterhitze vorheizen. Den Teig in die mit Backpapier ausgelegten und am Rand eingefetteten Springformen geben (etwa zwei Finger hoch) und auf mittlerer Schiene für 35 Minuten backen. Die Kuchen aus dem Ofen nehmen und in der Form abkühlen lassen.

Das Puddingpulver in dem Limoncello und dem frischen Zitronensaft gut auflösen. Die Sojamilch kurz aufkochen lassen, das aufgelöste Pulver und die geriebene Zitronenschale dazugeben und alles unter ständigem Rühren erneut aufkochen. Den Pudding abgedeckt mit etwas Alufolie abkühlen lassen. Hierbei muss die Alufolie direkt auf dem Pudding liegen, so bildet sich keine Haut.

Die Margarine bei Zimmertemperatur schaumig mixen. Nach und nach den Puderzucker und den abgekühlten Pudding beimengen. Alles gut durchmixen und kühl stellen.

Die abgekühlten Kuchen aus der Springform lösen und den oberen aufgegangenen Teig abschneiden. Um gleichmäßige Schichten zu erhalten, empfehle ich einen Tortenschneider. Habt ihr keinen zur Hand, legt ein Buch mit entsprechender Höhe neben den Kuchen. Dieses dient wunderbar als Unterlage für das Messer, um die Kuchen immer auf der gleichen Höhe zu schneiden.

Die unterste Kuchenplatte auf den gewünschten Tortenständer oder auf eine stabile Unterlage legen und mit der ersten Schicht Buttercreme mithilfe einer Winkelpalette bestreichen. Ein Eisportionierer hilft bei der Mengeneinteilung der Buttercreme. Die zweite Schicht auflegen und ebenfalls mit Buttercreme bestreichen. Die oberste Schicht etwas dünner bestreichen. Mit der restlichen Buttercreme die Torte rings herum einstreichen. Mit Dekorblüten nach Herzenslust verzieren. Die Torte danach unbedingt kühl stellen.

Wenn dir das Leben
Zitronen schenkt...

Zitronen-Limetten-Muffins

mit Zucker- oder Sahnehäubchen

Backutensilien

Muffinbackblech

12 Muffinförmchen (Papier)

Spritzbeutel

Zutaten

1 Limette

1 Zitrone

200 g Mehl

50 g Zucker

2 EL Zitronat

*etwas geriebene Limetten-
und Zitronenschale*

1 Pck. Vanillezucker

1/2 Pck. Backpulver

1 Msp. Natron

*100 ml Mandelmilch
(oder andere Pflanzenmilch)*

75 ml Öl

Sahnehäubchen

*150 ml gesüßte,
aufschlagbare (!) Sahne*

*ein paar frische Zitronen-
und Limettenscheiben*

Zitronen-Limetten-Frosting

250 g Puderzucker

40 g Alsan(!)-Margarine

2 EL Limetten- oder Zitronensirup

Das Mehl, den Zucker, den Vanillezucker und das Zitronat vermengen. Die Limette und die Zitrone auspressen und den Saft durch ein Sieb dazugeben. Nach und nach die Pflanzenmilch, das Öl und die geriebenen Zitronen- und Limettenschalen hinzugeben. Vorsicht: Nicht das Weiße der Zitrusfruchtschalen abreiben, das macht den Teig sonst bitter. Wenn der Teig schön cremig ist, das Backpulver und das Natron hinzugeben. Ist der Teig zu dick, 50 ml Sprudel oder warmes Wasser hinzufügen.

Den Backofen auf 175 °C Ober- und Unterhitze vorheizen. Die Muffinförmchen in ein Muffinblech geben und mithilfe eines Teigportionierers oder eines Esslöffels zu ca. 3/4 befüllen.

Auf mittlerer Schiene 25 Minuten backen. Nach der Backzeit den Stäbchentest machen: Hierfür in die Mitte der Muffins ein Holzstäbchen stecken. Klebt noch Teig am Stäbchen, die Backzeit um 3 Minuten verlängern.

Den Ofen ausstellen und die Muffins bei leicht gekippter Ofentür auskühlen lassen.

Die Sahne aufschlagen, in einen Spritzbeutel geben und die Muffins mit Sahne und frischen Zitronen- und Limettenscheibchen verzieren.

Für das Frosting (Zuckerhäubchen) die zimmerwarme Margarine cremig mixen, den Sirup und nach und nach den Puderzucker hinzugeben. Das Frosting für mindestens 15 Minuten in den Kühlschrank stellen. Wenn die Masse schön fest geworden ist, diese mit einem Löffel in einen Spritzbeutel füllen und die Muffins mit kreisförmigen Häubchen verzieren.

Zitronen-Sahne-Eiscreme
mit Eismaschine

Zutaten
300 ml gesüßte,
aufschlagbare (!) Sahne
150 ml Sojamilch
100 g Zucker
30-40 ml Zitronensaft
(2 Bio-Zitronen frisch gepresst)
etwas geriebene Zitronenschale

Dekoration
eine Handvoll frische Minzblätter

Was ich immer wieder faszinierend finde, ist, mit welchen Komponenten man ganz andere Geschmacksrichtungen erzielen kann, wie z. B. bei unserem Zitronen-Sahne-Eis. Mit diesen Zutaten bekommt man erstaunlicherweise eine Eiscreme mit einer Art Buttermilchgeschmack. Diese weckt Kindheitserinnerungen an ein „Bottermelk fresh"-Eis aus den 80er-Jahren.

Die Bio-Zitronen heiß abwaschen und etwas Zitronenschale abreiben. Aber nicht das innere Weiße, denn das macht die Eiscreme sonst bitter. Die Zitronen auspressen und den Saft durch ein Sieb geben, damit Fruchtfleisch und Kerne nicht ins Eis gelangen. Alle Zutaten gut mit dem Pürierstab verquirlen und in die Eismaschine geben.

Mit frischer Minze garnieren.

Zitronenkäsekuchen

mit Butterkeksboden

Backutensilien

Tortenspringform (18 cm Ø)

Zutaten

12 Butterkekse (Veganz)
1,5 EL Margarine
2 Zitronen
6 EL Puderzucker
300 g Frischkäse
15 g Stärke (3 TL)
200 ml Reismilch*
(* da sie die Creme schön
weiß macht)

Für die Herstellung des Bodens die Butterkekse in einen stabilen Gefrierbeutel füllen und diesen verschließen. Mit dem Nudelholz die Kekse im Beutel in kleine Stücke klopfen. Zur Verstärkung des Bodens 1 TL Stärke in 50 ml kalter Reismilch mit dem Schneebesen auflösen und im Topf erhitzen. Die Margarine und die Kekskrümel hinzugeben. Mit einem Holzlöffel alles gut verrühren und mit dem Saft einer halben frischen Zitrone (etwa 25 ml) übergießen. Nun die Krümelmasse in die mit Backpapier ausgelegte und am Rand mit Margarine gut eingefettete Springform geben. Wenn die Masse handwarm ist, diese mit den Fingern oder mit der Löffelrückseite auf dem Boden gleichmäßig verteilen und andrücken.

100 ml Reismilch im Topf kurz aufkochen lassen. Die restliche kalte Reismilch (50 ml) mit der Stärke anrühren, Puderzucker untermischen und unter ständigem Rühren kurz mit der Reismilch zusammen aufkochen lassen.

Wenn alles abgekühlt ist, den Frischkäse und den ausgepressten Saft von 1,5 frischen Zitronen hinzugeben. Mit dem Stabmixer gut pürieren, abschmecken, gegebenenfalls mit Puderzucker nachsüßen und alles in die Springform füllen. Für mindestens 30 Minuten ins Gefrierfach stellen und nach der Kühlung den Kuchen vorsichtig aus der Form lösen.

Mein Tipp: Mit ca. 8 veganen Zitronenkeksen in Herzform am Rand verzieren. Man kann auch anstelle der Butterkekse die Zitronenkekse für den Boden verwenden. Ich hätte es nur so schade gefunden, die schönen Kekse zu zerstören.

Zitronengugelhupf

saftig, sauer und doch schön süß

Backutensilien
Gugelhupfform (24 cm Ø)

Zutaten
500 g Mehl
200 ml Sojamilch Vanille
1 Pck. Vanillezucker
200 g Zucker
150 g Margarine
30 ml Öl
2 Bio-Zitronen
1 Pck. Backpulver
25 ml Sprudel

Dekoration
2 EL Puderzucker
zum Garnieren

Als Erstes das Mehl mit der Vanille-Sojamilch, dem Zucker, der Margarine und dem Öl cremig mixen. Die Zitronen heiß abwaschen und etwas Zitronenschale (aber nicht das innere Weiße, das ist bitter) abreiben. Den Zitronensaft und durch ein Sieb auspressen und zum Teig hinzufügen. Alles schön cremig mixen. Den Backofen auf 200 °C Ober- und Unterhitze vorheizen und die Gugelhupfform mit Margarine gut einfetten.

Als letzten Schritt den Zitronenschalenabrieb, den Zitronensaft und das Backpulver hinzufügen und erneut kurz aufmixen. Wenn der Teig zu schwer und dick ist, einen guten Schuss (25-50 ml) Sprudel hinzugeben.

Auf mittlerer Schiene für 55 Minuten backen. Wer den Kuchen lieber „trockener" mag, lässt ihn 60 Minuten im Ofen.

Nach der Backzeit den Gugelhupf im ausgeschalteten Ofen ein paar Minuten ruhen lassen und erst dann herausnehmen. Ein paar Stunden stehen lassen, bis er völlig abgekühlt ist. Am besten schmeckt er übrigens am nächsten Tag.

Mein Tipp: Durch ein Sieb den Kuchen mit Puderzucker berieseln oder mit Zarbitterschokolade begießen. Hierfür 200 g Zartbitterschokolade im Wasserbad schmelzen und den Kuchen mit der warmen Schokolade einpinseln. Nach 15 Minuten ist die Schokolade fest und der Kuchen kann angeschnitten werden.

Zitronensorbet

Zutaten für 2 Personen
100 ml Wasser
75 g Zucker
100 ml Zitronensaft
(4-5 Bio-Zitronen)
1/2 EL Joghurt oder Quark
etwas geriebene Zitronenschale

Zucker und Wasser kochen, bis ein dickflüssiger Sirup entstanden ist. Abkühlen lassen, etwas Zitronenschale reiben (aber nicht das Weiße, das macht das Sorbet bitter!) und den Zitronensaft auspressen. Zitronensaft und abgeriebene Schale mit dem Zucker-Wasser-Sirup, dem veganen Quark/Joghurt mit dem Schneebesen gut verrühren und in kleine Pudding- oder Eisförmchen füllen. Nach 3-4 Stunden im Gefrierfach (je nach Größe der Form) ist das Sorbet fertig.

Limetten-Minz-Sorbet

Zutaten für 4 Personen
200 ml Wasser
150 g Zucker
200 ml Limettensaft
1 EL Minzsirup
1 EL Quark oder Joghurt

Verzierung
frische Minzblätter

Den Zucker im Wasser einrühren und so lange kochen lassen, bis ein dickflüssiger Sirup entstanden ist. Sirup abkühlen lassen, etwas Limettenschale reiben (aber nicht das Weiße, das macht das Sorbet bitter!) und den Limettensaft auspressen. Den Limettensaft und die Schalenraspel mit dem Zucker-Wasser-Sirup, dem Minzsirup und dem veganen Quark/Joghurt mit dem Schneebesen sorgfältig verrühren. In kleine Pudding- oder Eisförmchen füllen und ins Gefrierfach stellen. Nach 3 oder 4 Stunden (je nach Größe der Form) ist das Sorbet fertig.

Auf gekühlten Tellern anrichten und mit frischen Minzblättern garnieren.

Zitronenlimonade
so einfach und so erfrischend

Zutaten
5 Bio-Zitronen
125 g Zucker
125 ml stilles Wasser
oder Sprudel

Die Zitronen heiß abwaschen und etwas Schale abreiben. Vorsicht: Nicht das Weiße, denn das macht die Limonade sonst bitter!

Die Zitronen auspressen und den Saft durch ein Sieb in einen Topf geben. Zusammen mit dem Zucker und dem Wasser 5 Minuten köcheln und gute 15 Minuten ziehen lassen.

Den Sirup in eine heiß ausgespülte 500 ml große Flasche füllen und in den Kühlschrank stellen.

Eine Karaffe mit Eiswürfeln und stillem oder kohlensäurehaltigem Wasser füllen und mit dem kalten Sirup (im Verhältnis 1:10) mischen. Beispiel: Auf 100 ml Wasser kommen 10 ml Zitronensirup.

Sehr hübsch sehen die Gläser mit einem Zuckerrand aus. Hierfür den Glasrand mit einer aufgeschnittenen Zitrone einreiben und ihn auf einen Teller mit Zucker drücken.

Ein paar Zitronenscheiben in der Karaffe und eine Scheibe am Glasrand sind ein hübscher Hingucker.

Mein Tipp:
Ihr könnt anstelle der Zitronen auch Limetten nehmen. Ein paar frische Minzblätter und, wenn ihr es richtig minzig mögt, einen Esslöffel Minzsirup mit in die Karaffe geben, und ihr habt eine herrlich erfrischende Limetten-Minz-Limonade.

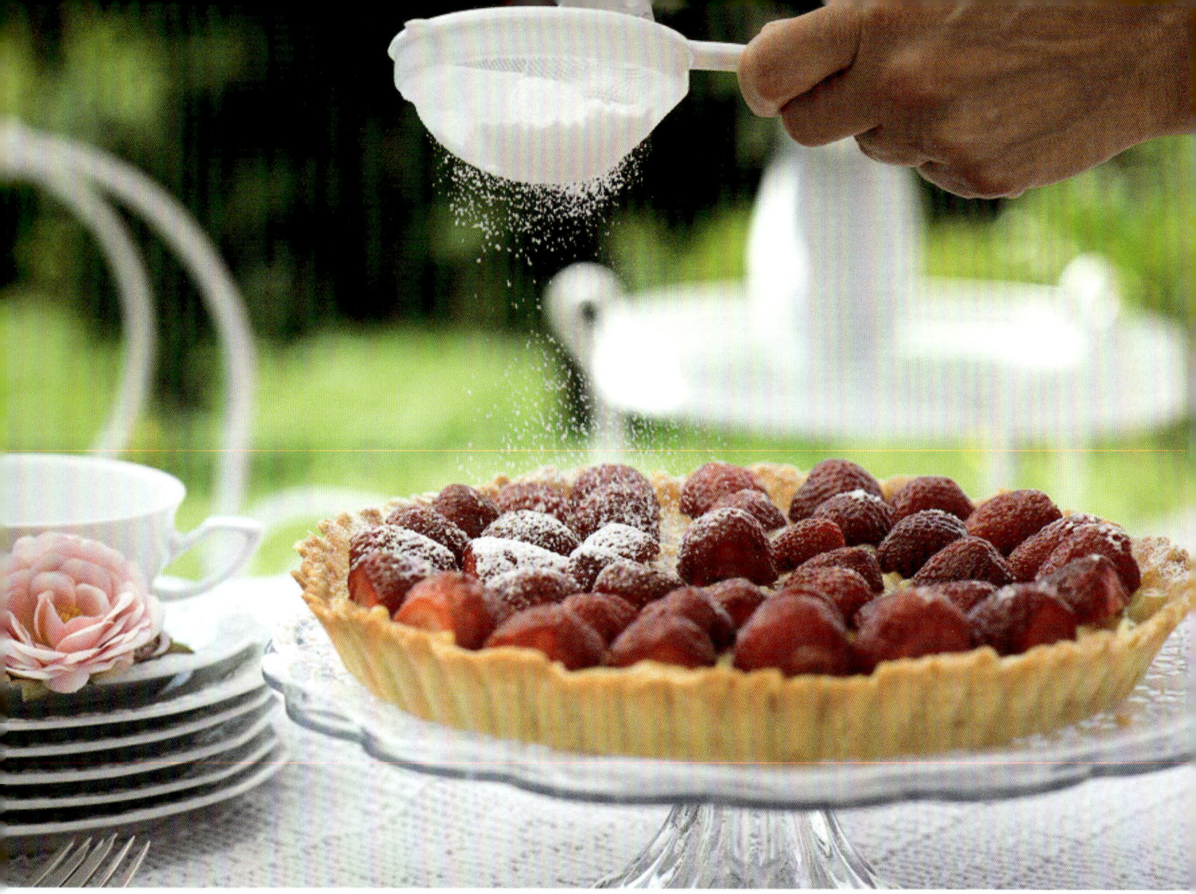
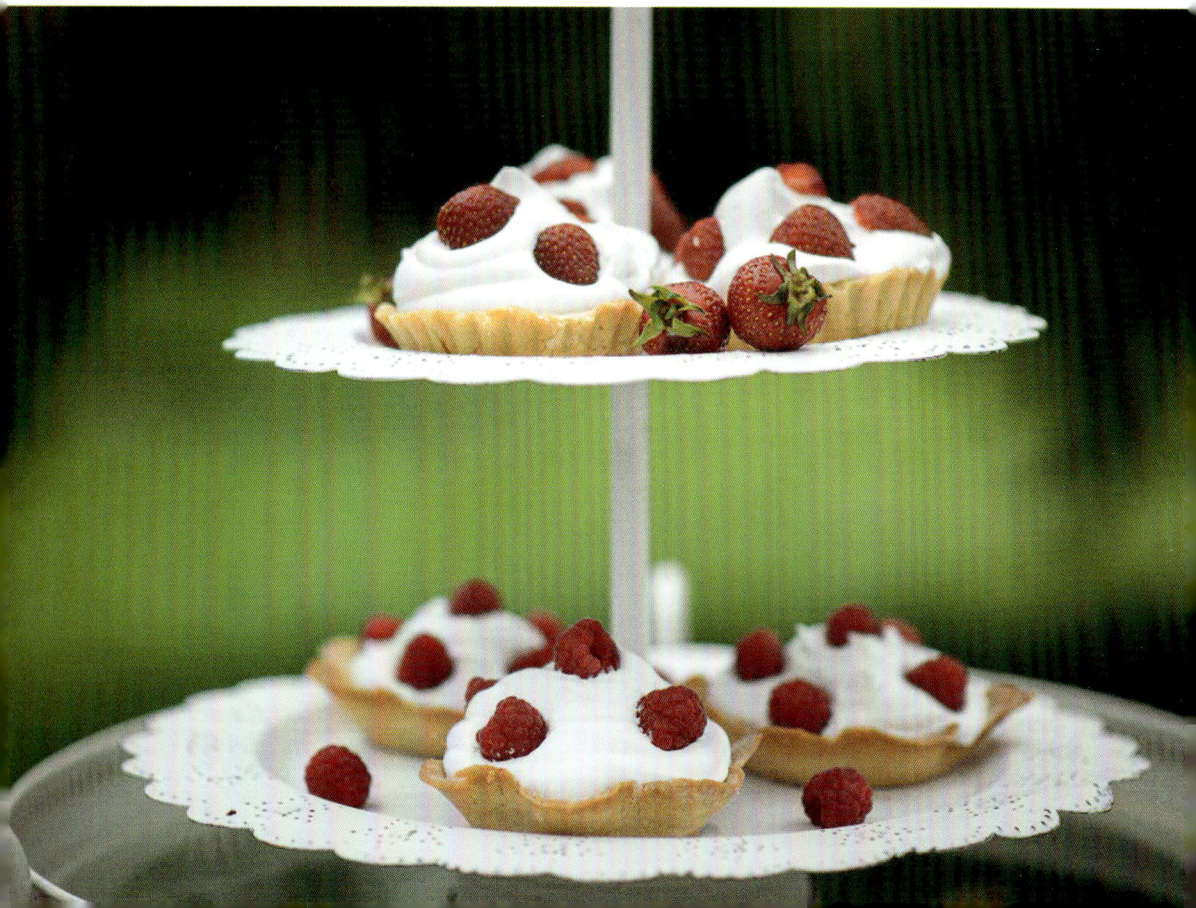

Klassischer Obstkuchenboden

mit Erdbeeren oder Himbeeren

Backutensilien

Obstkuchenform (28 cm Ø)
oder
6 Tortelettförmchen (10 cm Ø)

Boden

300 g Mehl
50 g Margarine
100 ml Öl
2 TL. Backpulver
etwas Margarine zum Einfetten
1 Pck. Vanillezucker
3 EL Zucker
50 ml Mandelmilch
(oder andere Pflanzenmilch)
50 ml Sprudel

Torte mit Puddingbelag und Guss

400 ml Mandelmilch
(oder andere Pflanzenmilch)
1 Pck. Vanillepuddingpulver
2 EL Zucker
300 g frische Erdbeeren
3 EL Puderzucker
1 Pck. Tortenguss
125 g Zucker
250 ml Wasser oder Himbeer-/
Erdbeersaft

Törtchen mit Sahnehäubchen

250 g frische Erdbeeren
oder Himbeeren
400 ml gesüßte,
aufschlagbare (!) Sahne
1 Pck. Sahnefest

Als Erstes alle trockenen Zutaten (Mehl, Vanillezucker, Zucker und Back-pulver) vermengen. Nach und nach alle flüssigen Zutaten (Öl, Mandel-milch und Sprudel) hinzufügen und gut mixen. Den Ofen auf 175 °C Ober- und Unterhitze vorheizen und die Tortenform gut einfetten. Mit nassen Händen den Teig in die Tortenform geben und sorgfältig am Bo-den und Rand festdrücken. Auf mittlerer Schiene für 25 Minuten backen. Den Kuchen aus dem Ofen nehmen und in der Form abkühlen lassen.

Für den Belag zuerst den Pudding zubereiten: Hierfür 350 ml Mandel-milch erhitzen. Das Puddingpulver in der restlichen kalten Mandelmilch (50 ml) auflösen und erst in den Topf einrühren, wenn die Mandelmilch dampft und kurz davor ist, zu kochen. Alles so lange verrühren, bis der Pudding schön fest geworden ist. Von der Herdplatte nehmen und mit Alufolie abdecken. Die Alufolie muss direkt auf dem Pudding liegen, so bildet sich keine Haut. Die Erdbeeren waschen, halbieren oder in dünne Scheiben schneiden. Wenn man keinen Tortenguss möchte, die Erdbee-ren mit Puderzucker bestäuben und ein paar Minuten ziehen lassen. Den abgekühlten Pudding auf der Torte gleichmäßig verteilen und mit den Erdbeeren kreisförmig belegen.

1 Päckchen Tortenguss mit 125 g Zucker mischen und mit 250 ml kal-tem Wasser (für einen klaren Guss) oder rotem Fruchtsaft (für einen roten Guss) glatt rühren. Die angerührte Mischung unter ständigem Rühren kurz aufkochen lassen. Danach 3 Minuten abkühlen lassen und den Kuchen mit dem Tortenguss bestreichen. Nach 15 Minuten im Kühl-schrank kann der Kuchen angeschnitten werden.

Für die Obsttörtchen die Tortelettförmchen gut einfetten, den Teig gleichmäßig verteilen und sorgfältig am Boden und Rand festdrücken, dabei den überstehenden Teig abnehmen. Im vorgeheizten Ofen bei 175 °C Ober- und Unterhitze auf mittlerer Schiene 15 Minuten backen. Nach der Backzeit aus dem Ofen nehmen und abkühlen lassen. Die Sah-ne mit dem Sahnefestpulver steif schlagen, die Törtchen stürzen und die Sahne mit den Himbeeren oder Erdbeeren (wer möchte mit einem Ess-löffel Puderzucker gesüßt) belegen.

Milchreis
im Glas

Zutaten

1 l Mandelmilch
(oder andere Pflanzenmilch)
250 g Milchreis
3 EL Zucker
1 Pck. Vanillezucker
1 EL Margarine

Dekoration

frische Früchte eurer Wahl
Himbeer*- oder Erdbeersirup
(*Das Rezept dazu findet ihr auf
Seite 88)
Vanilleschoten

In einem extra großen Suppentopf die Margarine schmelzen lassen und anschließend den Milchreis kurz darin anschwitzen. Nun die Mandelmilch, den Zucker sowie den Vanillezucker hinzugeben. Wenn vorhanden, das Mark einer Vanilleschote sowie die aufgeschlitzte Schote ebenfalls in den Topf geben; andernfalls Vanillezucker hinzufügen. Alles unter vorsichtigem Rühren mit dem Holzkochlöffel einmal aufkochen lassen. Dabei aufpassen, dass sich nichts am Topfboden ansetzt.

Den Milchreis im Topf bei niedriger Stufe auf dem Herd 30 Minuten ziehen lassen. Nach der Hälfte der Zeit einmal umrühren.

Nach diesen 30 Minuten ist der Reis servierfertig. Den Reis kalt oder warm in Gläschen füllen und mit frischen Früchten und Sirup anrichten.

Pur schmeckt er klassisch mit etwas Zimt und Zucker äußerst lecker und weckt Kindheitserinnerungen.

Karibiktraum …
Kokos-Ananas-Küchlein mit weißer Schokolade

Backutensilien
Springform (18 cm Ø)

Teig
200 g Mehl
200 ml Ananassaft (aus der Dose)
1 Dose Ananasstücke (ca. 360 g)
200 g Kokosraspel
100 ml Kokosnussmilch
150 ml Öl
100 g Zucker
100 ml Wasser (lauwarm)
1 Pck. Vanillezucker
1 TL Natron
1/2 Zitrone (Saft)

Dekoration
3 EL Puderzucker
50 g Kokosraspel

Als Erstes die weiße Schokolade im Wasserbad schmelzen und mit dem Mehl, dem Zucker und den Kokosraspeln vermengen. Nach und nach die Ananasstücke, den Ananassaft , das Öl und den Zitronensaft beifügen und alles cremig mixen. Als Letztes das Wasser und das Natron hinzugeben und alles erneut aufmixen. Den Backofen auf 175 °C Ober- und Unterhitze vorheizen.

Die Masse in eine gut eingefettete Backform gießen und 60 Minuten auf mittlerer Schiene backen. Nach der Backzeit den Stäbchentest machen: Hierfür in die Mitte des Kuchens ein Holzstäbchen stecken. Klebt noch Teig beim Herausziehen daran, die Backzeit um 5 Minuten verlängern. Den Kuchen aus dem Ofen nehmen und in der Form abkühlen lassen.

Mit etwas Zuckerguss (3 Esslöffel Puderzucker mit 1 Esslöffel Wasser mischen) den Kuchen einpinseln und mit Kokosraspel verzieren. Leicht angefroren ist er im Hochsommer eine köstliche Erfrischung. Hierfür den Kuchen mindestens eine Stunde ins Gefrierfach stellen.

Mein Tipp: Für ein ganz besonderes Geschmackserlebnis 100 g weiße Schokolade (Veganz) im Wasserbad schmelzen und den Kuchen mit der lauwarmen Schokolade bestreichen und mit Kokosraspeln bestreuen.

Kokoseispralinen

ohne Eismaschine

3 Dosen Kokosmilch*
150 g Zucker
2-4 EL Kokosraspel

* Keine fettarme Kokosmilch verwenden. Es kommt sonst zu einer zu starken Kristallbildung und die Eispralinen verlieren ihre cremige Konsistenz.

Als Erstes 2 Dosen Kokosmilch über Nacht (oder mindestens für 6 Stunden) auf dem Kopf in den Kühlschrank stellen. So setzt sich das Fett unten ab.

150 g Zucker und 1 ganze Dose Kokosmilch mit dem Schneebesen gut verrühren und im Topf unter ständigem Rühren 2 Minuten aufkochen lassen. Für weitere 30 Minuten bei schwacher Hitze leicht köcheln lassen. Gelegentlich umrühren. Wenn die Masse leicht gräulich und schön dick geworden ist, diese in eine vorgekühlte Schale umfüllen und für mindestens 1 Stunde in den Kühlschrank stellen.

Die beiden Kokosmilchdosen, die über Nacht auf dem Kopf standen, wieder auf den Dosenboden stellen und das Kokosfett mit einem Löffel abschöpfen. Das restliche Kokoswasser nicht entsorgen, man kann noch leckere Shakes oder Smoothies daraus machen. Das abgeschöpfte Kokosfett mindestens 4 Minuten schlagen, bis eine fluffige Kokossahne entsteht. Hierfür eignet sich eine Küchenmaschine, weil 4 Minuten von Hand zu mixen wirklich lang(weilig) ist.

Jetzt den kalten Sirup vorsichtig mit der Kokossahne und 2 Esslöffeln Kokosraspel vermengen und in Pralinen- oder kleine Puddingförmchen füllen. Auch Eiswürfelbehälter aus Silikon eignen sich prima dafür. Eurer Fantasie sind keine Grenzen gesetzt. Die Förmchen für mindestens 1 Stunde ins Gefrierfach stellen. Vor dem Servieren auf gekühlten Tellern mit den restlichen Kokosraspeln bestreuen.

Mein Tipp: Ein Guss aus veganer weißer Schokolade oder Reismilchschokolade machen die Eispralinen noch besonderer. Hierfür im Wasserbad die gewünschte Schokolade schmelzen und die Eispralinen auf Backpapier legen und mit der lauwarmen Schokolade begießen oder einpinseln.

Die Eispralinen auf vorgekühlten Dessertellern servieren. Hierfür die Teller 5 Minuten ins Gefrierfach stellen. Wenn sie aus dem Gefrierfach serviert werden, sollten sie ein paar Minuten antauen, weil sie anfangs sehr hart sind.

Vanilleeiscreme
mit der Eismaschine

Zutaten

1 Vanilleschote

150 ml Pflanzenmilch
(Soja- oder Kokosmilch eignen
sich besonders gut)

300 ml gesüßte,
aufschlagbare (!) Sahne

3 EL Zucker

Die Vanilleschote längs halbieren und mit einem Messer das Vanillemark herauskratzen. Das Mark mit der Schote in 150 ml Pflanzenmilch kurz aufkochen lassen und für mindestens 1 Stunde ziehen lassen. Die vegane Sahne und den Zucker hinzugeben und vorsichtig erhitzen, es darf nicht kochen, nur dampfen. Die Vanilleschote herausfischen, alles abkühlen lassen und für mindestens 1 Stunde in den Kühlschrank stellen.

Die Masse in die Eismaschine geben und ca. 20 Minuten cremig rühren. Danach das Eis in die gewünschte Eispackung geben und für 30 Minuten einfrieren. Vor dem Servieren das Eis ungefähr 5 Minuten antauen lassen.

Mein Tipp: Die Vanilleschote nicht wegschmeißen, man kann damit noch kinderleicht herrlichen Vanillezucker herstellen: Einfach mit einem Papiertuch abtupfen, in kleine Stücke schneiden, in eine Zuckerdose geben und verrühren. Schon nach ein paar Stunden ist der Vanillezucker einsatzbereit. Das volle Aroma bekommt er allerdings erst am nächsten Tag.

Oreo-Keks-Eiscreme
mit der Eismaschine

Zutaten

1 Vanilleschote
150 ml Sojamilch
300 ml süße,
aufschlagbare (!) Sahne
1 EL Zucker
8 Oreo-Kekse mit
Doppelcremefüllung

Als Erstes das Vanilleeis zubereiten: Hierfür das Vanillemark aus der Schote herauskratzen, in der Sojamilch aufkochen und ziehen lassen (siehe Vanilleeisrezept S. 80). Mit einem Messer vorsichtig die Kekse von der Füllung trennen, die Crememasse herauskratzen und die Kekse und die Creme jeweils in eine Schale geben.

Die herausgekratzte Oreo-Creme zusammen mit der Sahne in die vorbereitete Vanillesojamilch geben und mit einem Esslöffel Zucker (die Kekse sind ja bereits sehr süß) kurz erhitzen und so lange rühren, bis die Oreo-Creme sich vollständig aufgelöst hat. Alles abkühlen lassen und für 20 Minuten in den Kühlschrank stellen.

Die Kekshälften in einen stabilen Gefrierbeutel geben und mit einem Nudelholz klein klopfen. Die abgekühlte Crememasse in die Eismaschine geben und dann nach und nach die Keksbrösel hinzugeben. Für 20 Minuten einfrieren. Vor dem Servieren kurz antauen lassen und genießen.

Haselnuss-Krokant-Eiscreme
mit der Eismaschine

Zutaten
150 g gehackte Haselnüsse
2 EL Kokosöl oder Margarine
200 ml Haselnussmilch
100 ml gesüßte, aufschlagbare (!) Sahne
1 TL Vanilleextraktpulver oder
1 Pck. Vanillezucker
6 EL Zucker oder
50 ml Ahornsirup

Als Erstes den Haselnusskrokant vorbereiten: Hierfür die Haselnüsse in Kokosöl oder Margarine mit zwei Esslöffeln Zucker oder 10 ml Ahornsirup in einer (kleinen) Pfanne anbraten und abkühlen lassen.

Ca. 50 g Haselnusskrokant zur Seite legen.

Die vegane Sahne und die Haselnussmilch mit dem restlichen Zucker oder Ahornsirup und dem Vanilleextrakt oder Vanillezucker mixen. Den abgekühlten Haselnusskrokant hinzugeben, kurz vermengen und in die Eismaschine geben.

Vor dem Servieren mit dem restlichen Haselnusskrokant verzieren.

Mein Tipp: Mir schmeckt das Eis am besten, bevor es richtig fest gefroren ist, dann hat es diesen zartschmelzenden, sahnigen Charakter.

Erdbeer-Himbeer-Cashew-Eis
ohne Eismaschine

Zutaten

300 g Erdbeeren (tiefgekühlt)
150 g Cashewkerne
100 ml Himbeersirup*
(* Das Rezept dazu findet
ihr auf Seite 88)

Die gefrorenen Erdbeeren in den Standmixer geben, dann esslöffelweise die Cashewkerne hinzufügen und alles cremig mixen. Den Himbeersirup beimengen, erneut kurz aufmixen, abschmecken und falls nötig mit Himbeersirup nachsüßen. In kleine Förmchen aus Silikon füllen und für mindestens drei Stunden ins Gefrierfach stellen. Vor dem Servieren mit bunten Streuseln garnieren.

Dekoration

bunte Zuckerstreusel (BioVegan)

Mein Tipp: Sehr lecker schmecken sie auch mit veganen Schokoladentropfen. Hierfür nach dem Abschmecken 2-3 Esslöffel Schokotropfen in die Masse unterrühren, diese dann in die Förmchen füllen und nach Herzenslust mit weiteren Schokoladentropfen verzieren.

Rosen-Himbeer-Wölkchen
klein, fein und mit großer Wirkung

Backutensilien
Springform (18 cm Ø)

Dieses kleine Törtchen passt überall dazu: ob als besonderer Nachtisch oder als kleines Highlight zum Tee oder Kaffee.

Boden
100 g Mehl
30 g Margarine
1 EL Öl
2 TL Rosenwasser
1 EL Zucker
1 Pck. Vanillezucker
25 ml Pflanzenmilch

Alle Zutaten für den Boden in beliebiger Reihenfolge zusammenmixen und anschließend von Hand zu einem glatten Teig kneten. Die Springform mit Backpapier auslegen und den Keksteig nur auf dem Boden (ohne Rand) verteilen. Den Backofen vorheizen und den Boden bei 175 °C Ober- und Unterhitze auf mittlerer Schiene 18 Minuten backen.

Creme
250 g Himbeeren (frisch oder tiefgekühlt)
2 TL Stärke
1 EL kaltes Wasser
80 g Zucker
1 Pck. Vanillezucker
150 ml gesüßte, aufschlagbare (!) Sahne

Während der Boden abkühlt, die Creme zubereiten: Die Himbeeren mit dem Zucker und dem Vanillezucker kurz aufkochen, ein wenig abkühlen lassen und in ein hohes Gefäß umfüllen. Mit dem Handmixer die Himbeeren etwa 1 Minute lang pürieren und anschließend durch ein Sieb drücken. Hierzu einen großen Löffel verwenden. Die entkernte Himbeersoße in einem kleinen Topf auffangen. Die Stärke in den Esslöffel Wasser einrühren, mit der Himbeersoße vermengen und erneut kurz aufkochen.

Die Himbeeren unbedingt abschmecken und gegebenenfalls etwas Zucker hinzufügen, da manchmal die Himbeeren sehr sauer sind. Wenn man mit einer bereits gesüßten Sahne arbeitet, sollte man erst gegen Ende abschmecken. Hierbei zum Nachzuckern Puderzucker verwenden, da dieser sich leichter auflöst.

Dekoration
eine Handvoll Himbeeren

Als letzten Schritt die vegane Sahne aufschlagen und mit den Himbeeren auf kleiner Stufe kurz mixen. Die Springform am Rand mit Margarine gut einfetten und die Himbeer-Sahne-Creme auf den Keksboden gießen und glatt streichen. Mit ein paar Himbeeren verzieren und kühl stellen: Für eine Eistorte mindestens 1 Stunde ins Gefrierfach, ansonsten reichen 20 Minuten.

Mein Tipp: Für ein intensiveres Rosenblütenaroma einen Teelöffel Rosenblütenmarmelade (Rezept dazu siehe Seite 116) in der Mitte des Keksbodens verteilen. Den Rand ca. zwei Fingerbreit aussparen, da die Marmelade sonst herauslaufen kann.

Himbeersirup

auch mit Blau- oder Erdbeeren ein Genuss

500 g Beeren (tiefgekühlt
oder frisch)
500 g Zucker
250 ml Wasser
1 Pck. Vanillezucker
1/2 Zitrone

Der Himbeersirup ist super einfach in der Zubereitung und ein wunderbarer Helfer und Verfeinerer vieler Rezepte aus diesem Buch. Anstelle der Himbeeren könnt ihr auch Blaubeeren oder Erdbeeren verwenden.

Die Himbeeren im Wasser 10 Minuten aufkochen lassen, von der Kochstelle nehmen und bei Raumtemperatur abkühlen lassen. Die Himbeeen in ein hohes Gefäß gießen und gut pürieren. Anschließend die Früchte durch ein grobes Sieb wieder in den Kochtopf geben.

Zusammen mit dem Zucker, dem frisch gepressten Zitronensaft und dem Vanillezucker kurz aufkochen und für 5 Minuten köcheln lassen. Den Sirup in heiß ausgespülte Flaschen abfüllen und gut verschließen.

Blaubeereiscreme
mit der Eismaschine

Zutaten

100 g Blaubeeren (tiefgekühlt)
300 ml gesüßte,
aufschlagbare (!) Sahne
1 Pck. Vanillezucker
100 ml Blaubeersirup*
(*Das Rezept dazu
findet ihr auf Seite 88)

Die Sahne, den Vanillezucker und den Blaubeersirup in die Eismaschine geben. Nach und nach die Blaubeeren mit einem Löffel hinzufügen. Am besten von Beginn an Einweghandschuhe tragen, da Blaubeeren stark abfärben.

Nach 2 Stunden Gefrierzeit ist das Blaubeereis fertig.

Mein Tipp: Die Blaubeereiscreme schmeckt herrlich auf warmen Crêpes oder mit frisch aufgeschlagener Sahne. Eine köstlich fruchtige Erfrischung an heißen Sommertagen.

Vorsicht: Wenn die Eiscreme auf die Tischdecke gelangt, sofort frischen Zitronensaft auf den Fleck geben und dann die Tischdecke direkt in der Waschmaschine waschen.

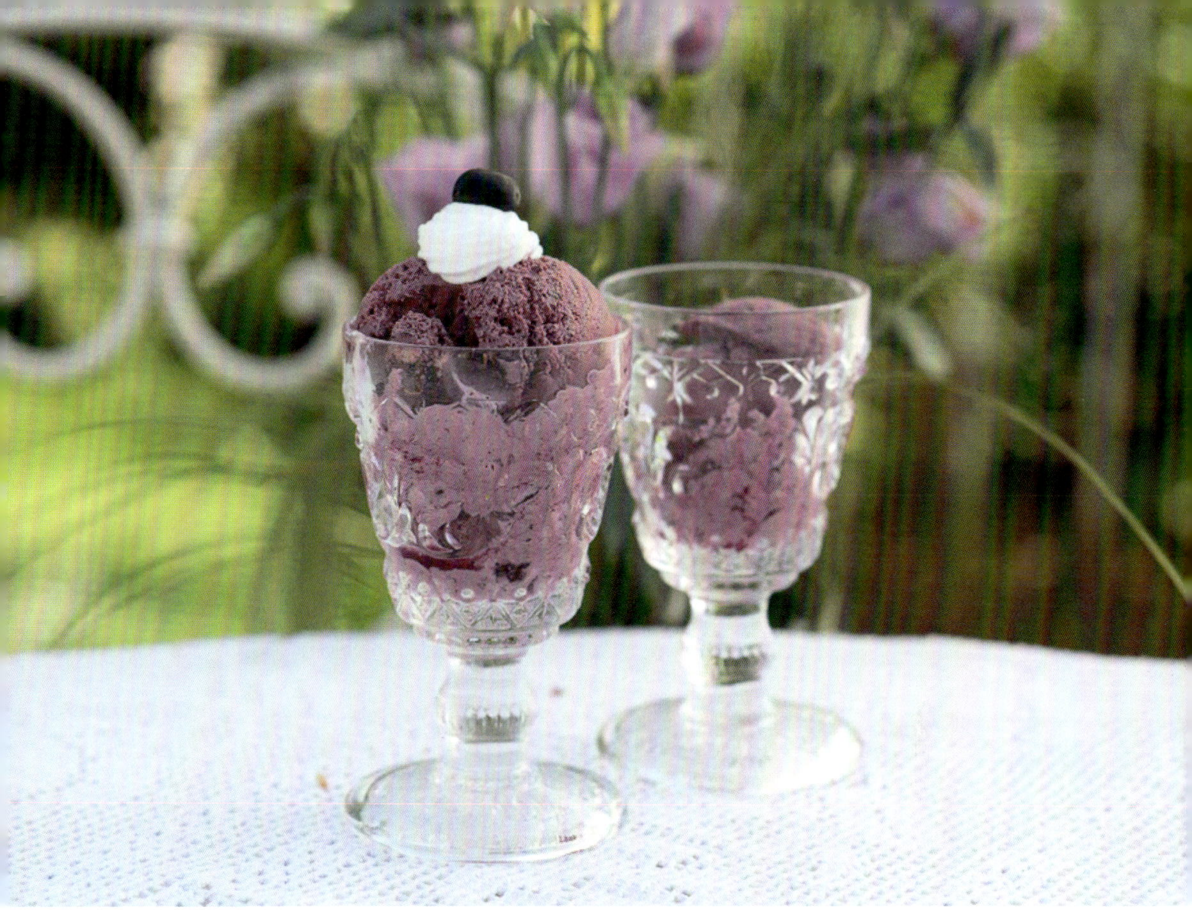

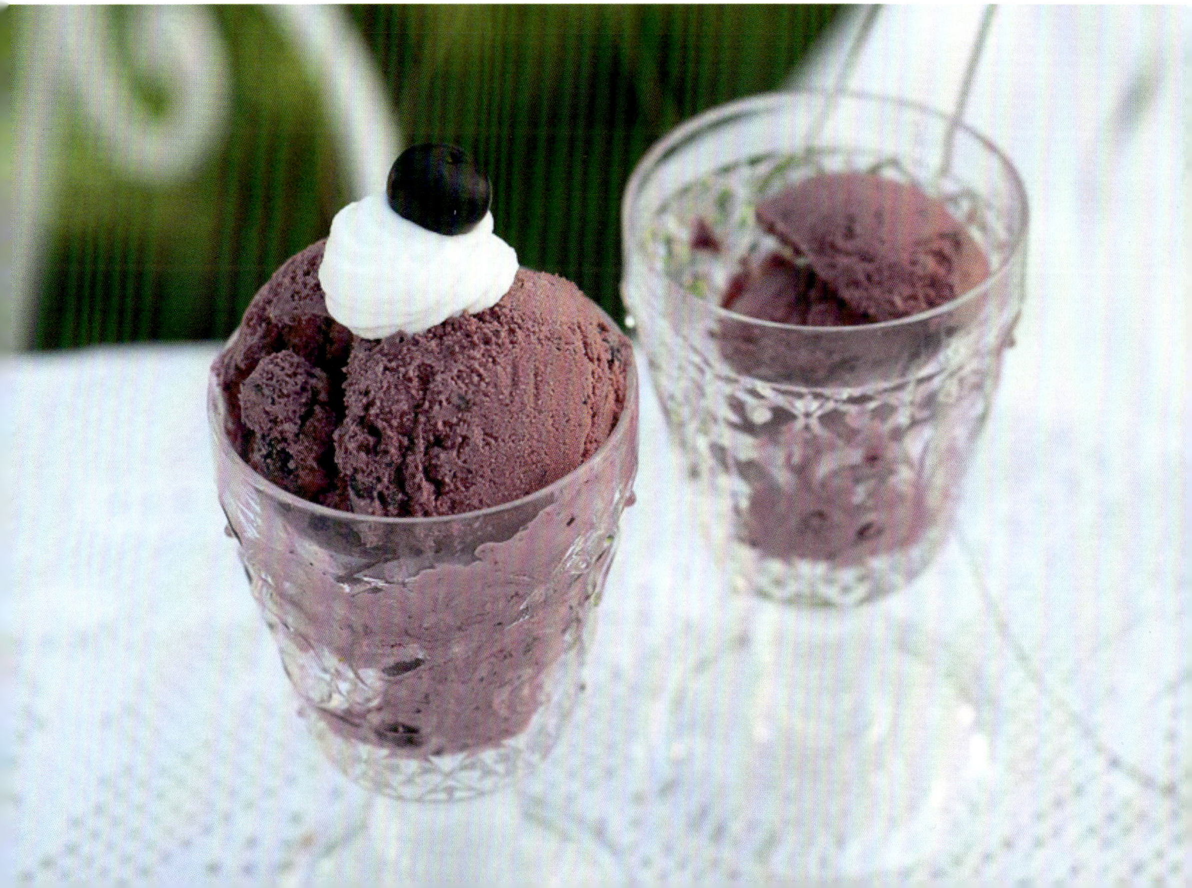

Blaubeerkäsekuchen
mit Buttercreme in zwei Variationen

Blaubeerkäsekuchen
mit Buttercreme in zwei Variationen

---

findet ihr auf Seite 88)

Backutensilien
Springform (24 cm Ø)
Teigroller
Spritzbeutel
Winkelpalette

Zutaten
300 g Mehl
150 g Zucker
100 g Margarine
50 ml Öl
1/2 Zitrone (Saft)

Frischkäsefüllung
300 ml Frischkäse
150 ml Sahne
1 Pck. Sahnefest
50 g Puderzucker
150 g frische Blaubeeren

Buttercreme
1 Pck. Vanillepuddingpulver
100 g Puderzucker
400 ml Soja-Reis-Milch
(oder eine andere Pflanzenmilch)
200 g Alsan(!)-Margarine
1 EL Blaubeersirup*
(*Das Rezept dazu
findet ihr auf Seite 88)

Optional für die Dekoration
8-10 frische Blaubeeren
50 ml geschlagene Sahne
oder 100 g Buttercreme

Variante 1

Als Erstes den Boden des Kuchens backen. Dazu den Ofen auf 175 °C Ober- und Unterhitze vorheizen. Da der Boden und der Rand wie ein Keksteig werden sollen, wird bewusst auf Backpulver verzichtet.

Die Grundzutaten (Mehl, Zucker, Margarine, Öl und Zitronensaft) mixen. Die Springform mit Backpapier auslegen und den Rand gut einfetten. Jetzt den Teig auslegen, dabei 2-3 Finger breit nach oben drücken. Nun den kompletten Teigboden mit einem kleinen Teigroller (sieht aus wie ein kleines Nudelholz am Stiel) ausrollen.

Wenn der Teig zu klebrig ist, was passieren kann, wenn z. B. die Margarine zu warm war, einfach immer wieder den Teig mit etwas Mehl bestäuben. Für 50 Minuten auf mittlerer Schiene backen.

Nach der Backzeit den Kuchen aus dem Ofen nehmen und in der Form abkühlen lassen. Währenddessen zuerst die Buttercreme und dann die Frischkäsefüllung zubereiten. Die Buttercreme muss vor der Weiterverarbeitung ebenfalls abkühlen. Gerade bei sommerlichen Temperaturen ist dies sehr wichtig, damit die Buttercreme auf keinen Fall zerläuft.

Für die Buttercreme zuerst den Pudding zubereiten: Hierfür 375 ml Soja-Reis-Milch erhitzen. Das Puddingpulver in der restlichen kalten Pflanzenmilch (25 ml) und dem Blaubeersirup auflösen und erst in den Topf einrühren, wenn die Soja-Reis-Milch dampft und kurz davor ist, zu kochen. Gut verrühren, von der Herdplatte nehmen und mit Alufolie abdecken, so entsteht keine Haut auf dem Pudding. Der Pudding wird sehr dick, das ist so gewollt.

Die Alsan-Margarine cremig mixen und den Puderzucker und den abgekühlten Pudding löffelweise dazugeben. Wer einen satten Lila-Farbton für die Buttercreme möchte, fügt noch etwas vegane Lebensmittelfarbe (Wilton) mithilfe eines Zahnstochers hinzu. Alles gut durchmixen und anschließend in den Kühlschrank stellen.

Für die Frischkäsefüllung die Sahne mit dem Sahnefestpulver aufschlagen, den Puderzucker und den veganen Frischkäse hinzugeben und kurz mit dem Pürierstab aufmixen.

Die Blaubeeren waschen und vorsichtig (damit sie nicht kaputt gehen) in die Füllung unterheben. Den abgekühlten Kuchen aus der Form lösen und die Frischkäsefüllung gleichmäßig darauf verteilen.

Die kalte Buttercreme in einen Spritzbeutel geben, auf der Frischkäsefüllung verteilen und mit einer Winkelpalette glatt streichen. Anschließend kann man den Kuchen frei nach Belieben noch mit etwas veganer Sprühsahne oder ein paar Blaubeeren verzieren.

Zutaten
300 g Mehl
150 g Zucker
100 g Margarine
50 ml Öl
1/2 Zitrone

Füllung
300 ml Frischkäse
2 Pck. Vanillepuddingpulver
200 g Blaubeeren (tiefgekühlt)
1/2 l Reismilch
100 g Margarine
150 g Zucker

Variante 2

Den Teig wie eingangs beschrieben zubereiten. Die Springform mit Backpapier auslegen und den Rand gut einfetten. Den Ofen auf 175 °C Ober- und Unterhitze vorheizen.

100 g Blaubeeren auf dem Boden auslegen, die restlichen zur Seite legen. Nun alle Zutaten der Füllung (Frischkäse, Margarine, Zucker, Reismilch und Puddingpulver*) in einem hohen Gefäß zusammen mit den restlichen Blaubeeren gut pürieren. Die Masse in die Form gießen. Es darf ruhig etwas Teigrand überstehen, da später noch die Buttercreme obendrauf kommt. Auf mittlerer Schiene 60 Minuten backen. Den Kuchen aus dem Ofen nehmen und in der Form abkühlen lassen.

Die Buttercreme (wie unter Variante 1 beschrieben) zubereiten, auf den abgekühlten Kuchen geben und glatt streichen.

*Das Puddinpulver kommt direkt dazu. Es muss kein Pudding extra zubereitet und gekocht werden.

Blaubeermuffins
mit Sahnehäubchen

Backutensilien

Muffinbackblech
12 Muffinförmchen (Papier)
Teigportionierer
Spritzbeutel

Zutaten

100 g Blaubeeren (frisch oder
tiefgekühlt)
150 g Mehl
50 g Zucker
50 ml Blaubeersirup*
(falls keiner zur Hand,
Zuckermenge verdoppeln)
1 Pck. Vanillezucker
1/2 Pck. Backpulver
1 Msp. Natron
100 ml Mandelmich
(oder andere Pflanzenmilch)
75 ml Öl
(*Das Rezept dazu
findet ihr auf Seite 88)

Sahnehäubchen

150 ml gesüßte,
aufschlagbare(!) Sahne
1 Pck. Sahnefest
100-200 g frische Blaubeeren
für die Dekoration

50 g Blaubeeren in ein separates Gefäß geben. Am besten Handschuhe tragen, da die Blaubeeren stark abfärben. Die restlichen Blaubeeren zusammen mit dem Mehl, dem Zucker und dem Vanillezucker mit dem Handmixer vermengen. Nach und nach die Mandelmilch, das Öl und den Blaubeersirup hinzugeben. Wenn der Teig schön cremig ist, das Backpulver und das Natron hinzugeben. Ist der Teig zu dick, 50 ml Sprudel oder warmes Wasser hinzugeben.

Den Backofen auf 175 °C Ober- und Unterhitze vorheizen. Die Muffinförmchen in ein Muffinblech geben und mit einem Teigportionierer oder mit einem Esslöffel zur Hälfte mit Teig füllen. In die Mitte jedes Muffins einen Teelöffel Blaubeeren geben und anschließend mit dem restlichen Teig zu ca. 3/4 auffüllen. Im vorgeheizten Backofen auf mittlerer Schiene 22 Minuten backen. Nach der Backzeit den Stäbchentest machen: Ein Holzstäbchen in die Mitte eines Muffins stecken. Klebt beim Herausziehen noch flüssiger Teig am Stäbchen, die Backzeit um 2 Minuten verlängern und den Stäbchentest wiederholen.

Den Backofen ausstellen und bei leicht gekippter Ofentür die Muffins auskühlen lassen. Die Sahne mit dem Sahnefestpulver aufschlagen, in einen Spritzbeutel geben und die Muffins mit Sahne und frischen Blaubeeren nach Herzenslust garnieren.

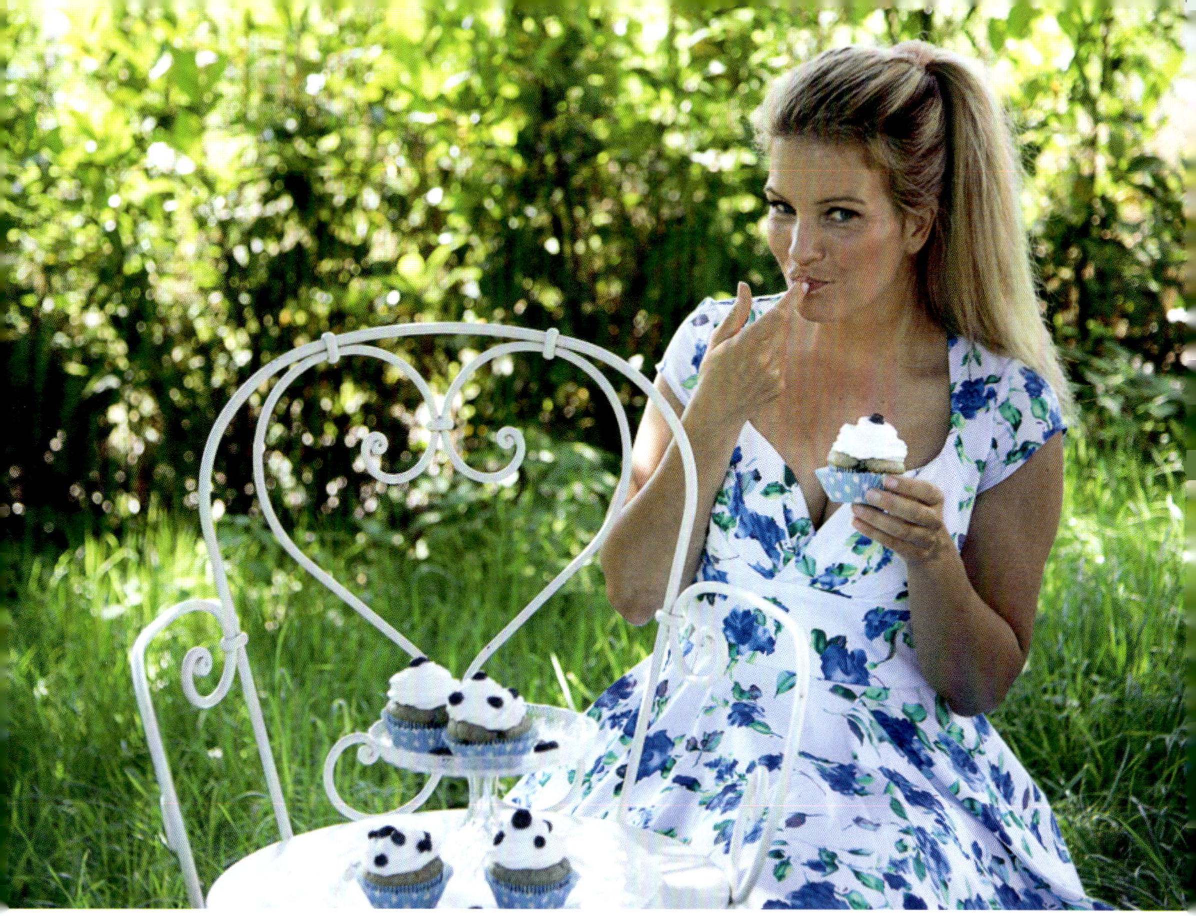

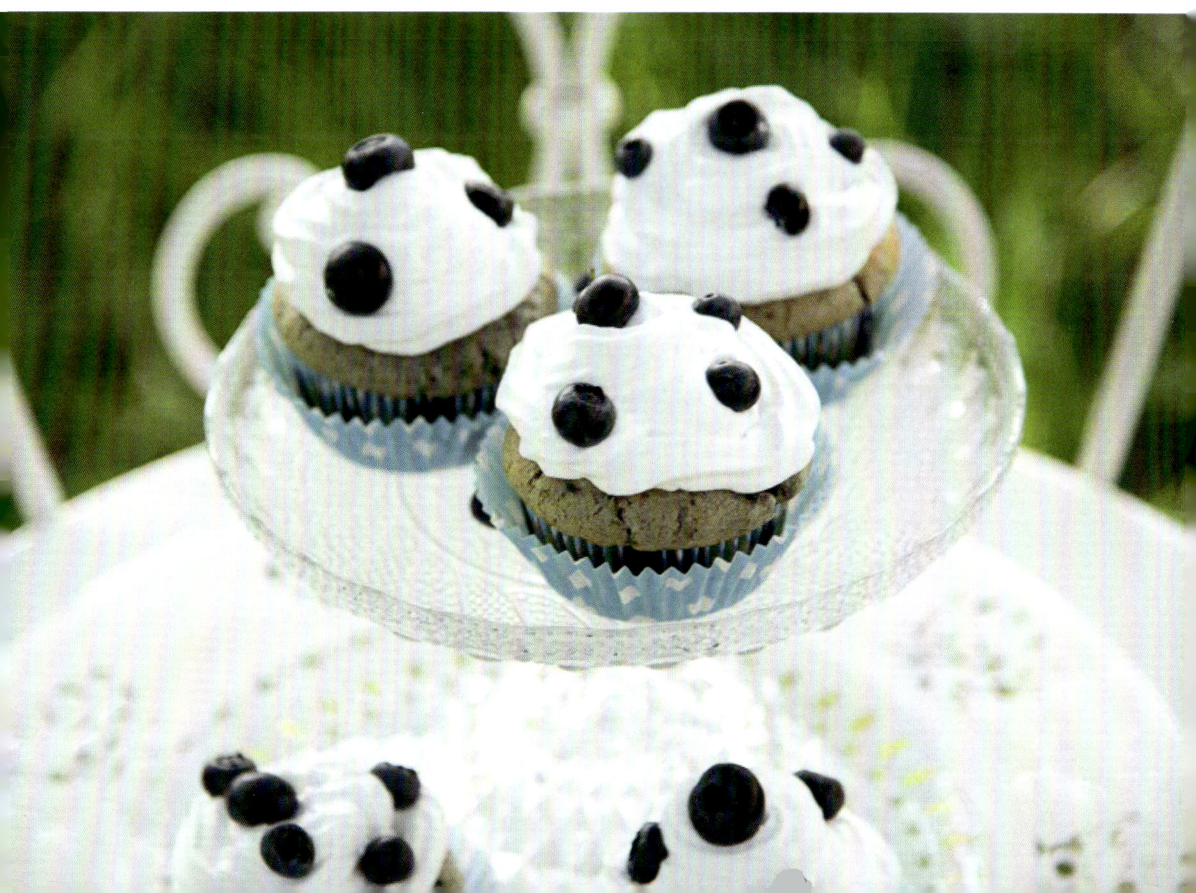

Eclairkuchen
mit Erdbeeren

Backutensilien
Auflaufform (24 x 36 cm / Tiefe 5 cm)

Zutaten
2 Pck. Vanillepuddingpulver
800 ml Soja-Reis-Milch
(oder Alternative)
2 EL Zucker
300 ml gesüßte,
aufschlagbare (!) Sahne
2 Pck. Sahnefestpulver
2 Packungen Schoko-Doppel-Kekse
(mit 15 Stück pro Packung, insgesamt
werden 60 Kekshälften benötigt)

Glasur
100 g Margarine (geschmolzen)
250 g Puderzucker
100 ml Pflanzenmilch
6 EL Backkakao
1 Prise Salz
250 g frische Erdbeeren

Eclair ist französisch und heißt zu deutsch „der Blitz". Bei diesem cremigen, sahnigen Geschmack werdet ihr sprichwörtlich auch vom Blitz getroffen, so köstlich schmeckt er.

50 ml kalte Pflanzenmilch mit dem Puddingpulver und dem Zucker mischen. Die restliche Soja-Reis-Milch (750 ml) aufkochen und das Puddingpulver-Zucker-Gemisch gut unterrühren, bis der Pudding schön fest geworden ist. Während der Vanillepudding abkühlt, die gesüßte Sahne mit dem Sahnefestpulver aufschlagen. Die Sahne vorsichtig unter den abgekühlten Pudding heben.

Die Kekse mit dem Messer vorsichtig trennen. Für den Boden der Eclairs die Kekshälften mit der Schokoladencremeseite nach oben in die Auflaufform legen.

Mit einer ersten Schicht Vanillepudding-Sahne-Creme bestreichen. Diese mit weiteren 20 Kekshälften belegen. Danach wieder mit der Vanillepudding-Sahne-Creme bestreichen und mit der letzten Schicht Kekshälften belegen (siehe Foto). Für die Schokoladencreme die Margarine im Topf schmelzen, den Puderzucker durch ein Sieb hinzugeben und zusammen mit der Sojamilch, dem Kakao und der Prise Salz mixen. Die lauwarme Schokoladencreme auf die oberste Keksschicht auftragen und gleichmäßig verteilen.

Als Letztes die frischen Erdbeeren (gewaschen und vom Grün befreit) halbieren und auf den Kuchen legen. 2-3 Erdbeeren für die Tellerdekoration beiseitelegen.

Den Eclairkuchen im Kühlschrank aufbewahren und zügig verzehren, was nicht allzu schwerfallen sollte.

Trüffel

schokoladige Versuchung

Backutensilien
Backblech
Backpapier

Zutaten
150 ml gesüßte,
aufschlagbare (!) Sahne
125 g Zartbitter-
oder Reismilchschokolade
2 EL Backkakao
(schwach entölt)
2 TL gehackte
Pistazienkerne
2 TL Kokosraspel

Als Erstes die Schokolade mit einem großen, scharfen Messer fein hacken. Mit dem hinteren Teil der Klinge fällt das Schneiden der Schokolade leichter.

Die vegane Sahne im Topf erhitzen, aber nicht kochen. Wenn die Sahne dampft, den Topf vom Herd nehmen und die Schokoraspel zügig unterrühren. 10 Minuten abkühlen lassen, die Masse in eine Rührschüssel füllen und mit dem Handmixer 5 Minuten schlagen. Das Ganze mindestens eine Stunde ruhen lassen.

Nach der Ruhezeit mit einem Teelöffel kleine Portionen (ca. 20 Stück) auf ein Blech mit Backpapier geben und für 20 Minuten in den Kühlschrank stellen.

Wenn sich die Häufchen relativ fest anfühlen, diese mit sauberen Händen zu kleinen Kugeln verarbeiten. Davor die Hände kurz unter kaltes Wasser halten, so lassen sich die Trüffel anschließend toll verarbeiten.

Die Trüffel mit kreisenden Bewegungen zwischen den Handballen hin- und herrollen, bis man eine glatte Kugel erhält. Mit sauberen Händen die Schokokugeln dann in Kakao, gehackten Pistazienkernen oder in Kokosraspeln wälzen.

Mein Tipp:
Für besondere Trüffelfüllungen mit exotischem Flair einfach einen Esslöffel Rum in die Schoko-Sahne-Masse geben und anstelle von Kakao in Kokosraspeln wälzen. Für Kaffeeliebhaber einen Esslöffel Amaretto oder alkoholfreien Amarettolikör in die Schoko-Sahne-Masse hinzufügen und anstelle von Kakao in Espressopulver wälzen.

Maulwurfshügelkuchen

verblüffend echt

Backutensilien
Springform (26 cm Ø)

Teig
400 g Mehl
250 ml Sojamilch Vanille
150 ml Öl
100 ml Sprudel
100 g Zucker
2 EL Margarine
2 EL Kaba
2 EL Backkakao
(schwach entölt)
50 ml Amaretto
(oder alkoholfreier Likör)
1 Pck. Backpulver

Füllung
400 ml gesüßte,
aufschlagbare (!) Sahne
2 EL Zartbitter-Schokosplitter
2 Bananen oder
1 Banane + 1/2 Glas Kirschen
(175 g Abtropfgewicht)

Diese köstliche Kreation bringt nicht nur Kinderaugen zum Leuchten.

Das Mehl mit der Sojamilch, dem Öl und der Margarine cremig mixen. Kaba, Kakao und Zucker hinzugeben und erneut kurz aufmixen. Als letzte Schritte den Amaretto, den Sprudel und das Backpulver untermengen. Ist der Teig noch zu dick, einen weiteren Schuss (50 ml) Sprudel hinzufügen.

Die Springform mit Backpapier auslegen und den Rand einfetten. Die Teigmasse hineingeben und im vorgeheizten Backofen bei 175 °C Ober- und Unterhitze auf mittlerer Schiene 50 Minuten backen. Den Kuchen aus dem Ofen nehmen und in der Form abkühlen lassen.

Wenn der Kuchen vollständig abgekühlt ist, diesen mit einem Löffel aushöhlen. Hierbei am Boden und am Rand ca. 2 cm stehen lassen.

Die gewonnenen Kuchenstückchen mit der Hand fein zerkrümeln.

Die Banane längs halbieren und mit den Kirschen auf den Kuchenboden legen. Die vegane Sahne steif schlagen und die Schokosplitter unterheben. Die Sahne so auf dem Kuchen türmen, dass sie die Form eines Hügels annimmt. Als Letztes mit den Kuchenkrümeln bestreuen.

Mein Tipp: Den Kuchen für 25 Minuten ins Gefrierfach stellen, so wird er schön schnittfest und schmeckt besonders erfrischend.

Himbeer-Schoko-Muffins
für den kleinen Schokohunger

Backutensilien

Muffinbackblech
12 Muffinförmchen (Papier)

Teig

200 g Mehl
180 g Zucker
150 g Himbeeren (tiefgekühlt)
100 ml Öl
100 g Reismilch- oder
Zartbitterschokolade
1 EL Backkakao
1 EL Kaba
1/2 Pck. Backpulver
1 Msp. Natron
50 ml Sojamilch Vanille
(alternativ eine andere Pflanzen-
milch + 1 Pck. Vanillezucker)

Topping

12 frische oder aufgetaute
Himbeeren
etwas Puderzucker oder 150 ml
gesüßte, aufschlagbare (!) Sahne
+ 1 Pck. Sahnefest

Entweder die Schokolade in kleine Stücke raspeln oder im Wasserbad schmelzen lassen. Die trockenen Zutaten (Mehl, Zucker, Backkakao, Kaba und den Vanillezucker) mit dem Handmixer vermengen. Nach und nach die Pflanzenmilch, das Öl und die geschmolzene oder geraspelte Schokolade hinzugeben.

Wenn der Teig schön cremig ist, das Backpulver und das Natron hinzugeben. Ist der Teig zu dickflüssig, 50 ml Mineralwasser oder Pflanzenmilch hinzugeben.

Den Backofen auf 175 °C Ober- und Unterhitze vorheizen.

Die Muffinförmchen in das Muffinblech geben und diese mithilfe eines Teigportionierers zunächst bis zur Hälfte mit Teig füllen. Wer keinen zur Hand hat, verwendet einen Esslöffel. Eine Himbeere mittig in den Teig drücken und anschließend die Förmchen mit Teig bis 3/4 voll auffüllen.

Im vorgeheizten Backofen auf mittlerer Schiene 25 Minuten backen. . Den Ofen ausstellen und bei leicht gekippter Ofentür die Muffins im Ofen auskühlen lassen.

Die Muffins entweder mit Puderzucker bestreuen oder die vegane Sahne mit dem Sahnefestpulver aufschlagen, in einen Spritzbeutel geben und die Muffins mit der Sahne und den frischen Himbeeren nach Herzenslust garnieren.

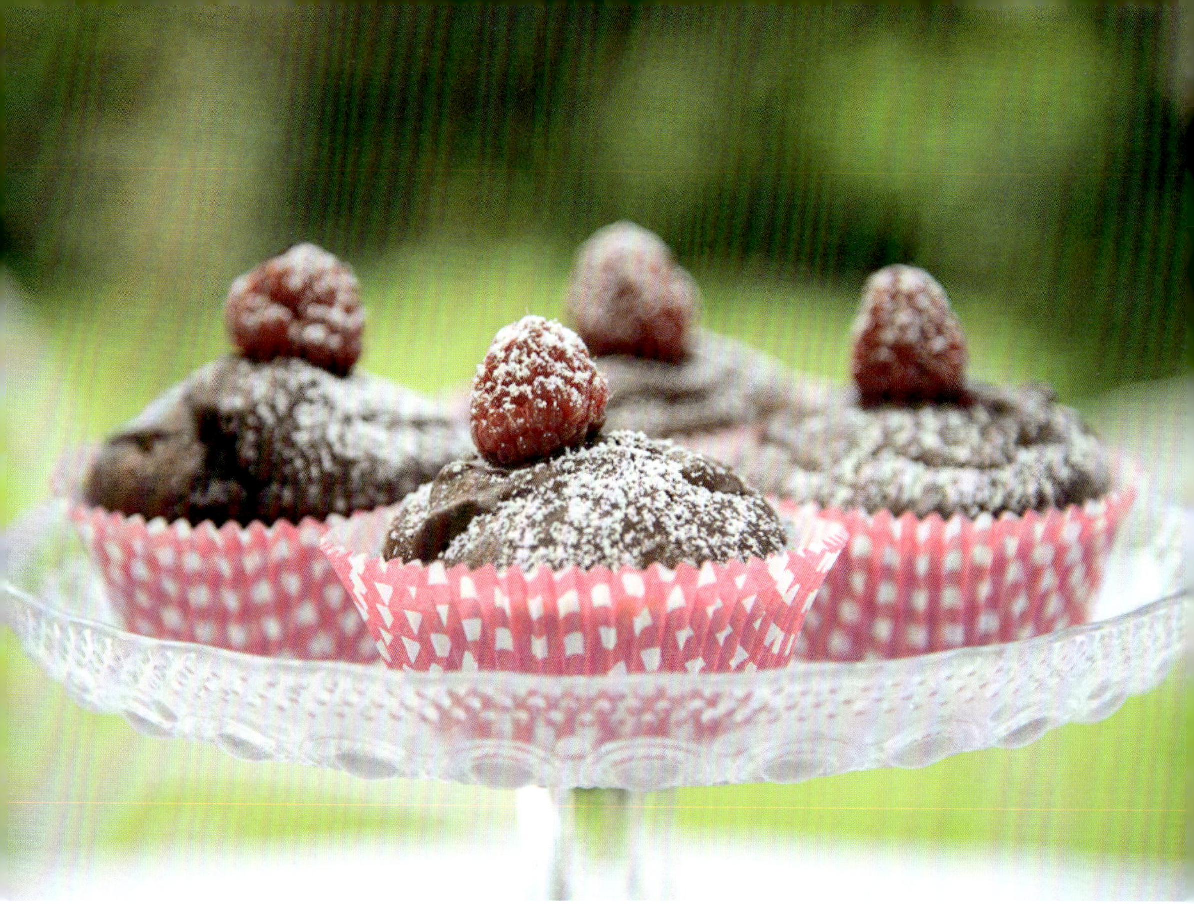

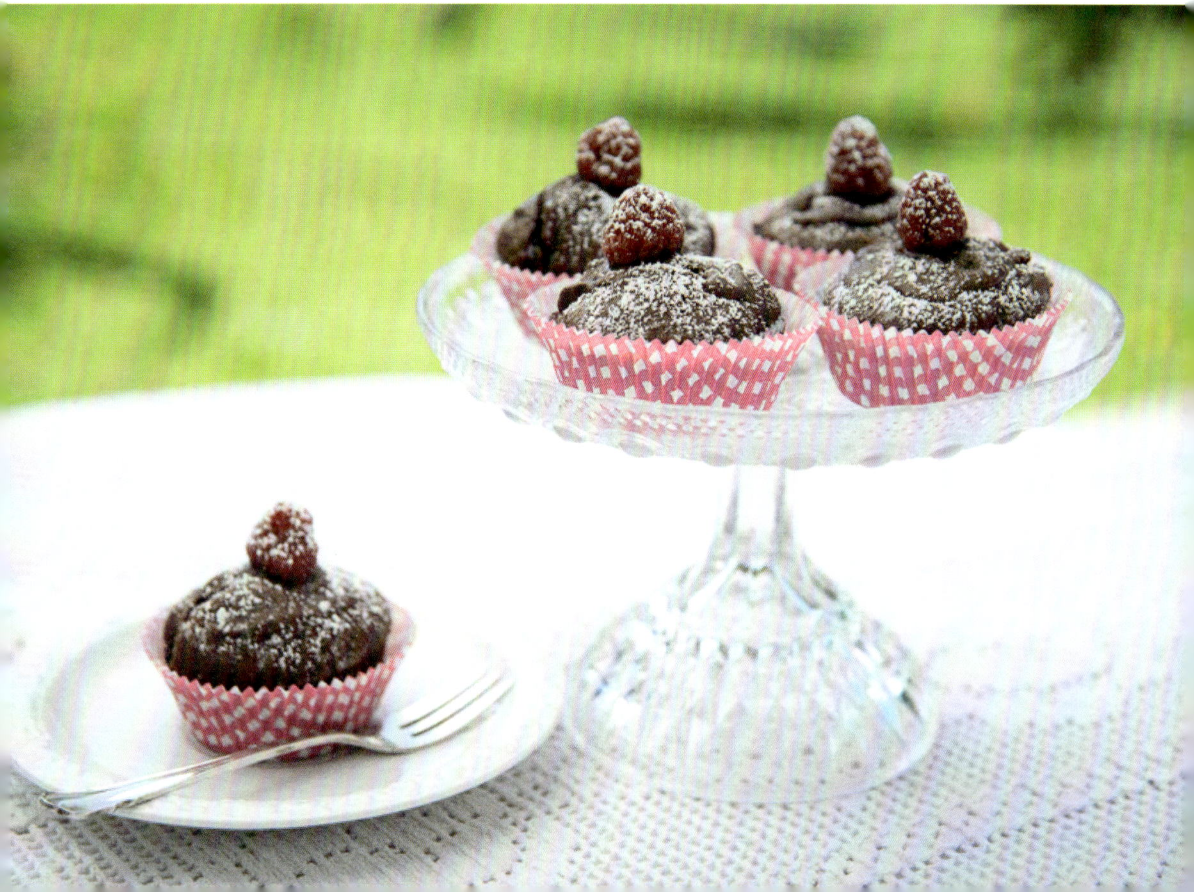

Löwenzahnhonig

süße Versuchung

Zutaten

250 g Löwenzahnblüten
1 Zitrone
1 l Wasser
1 kg Zucker

Die Blüten vorsichtig unter fließendem Wasser waschen. Die Zitrone auspressen und den Saft zusammen mit den Löwenzahnblüten im Wasser 30 Minuten köcheln lassen.

Die Blüten abseihen: Das Wasser durch ein Sieb gießen und den Sud auffangen. Den Zucker zum Sud geben und erneut eine Dreiviertelstunde kochen.

Dabei den entstandenen Schaum immer wieder abschöpfen und weitere 2 Stunden köcheln lassen.

Wenn der Löwenzahnhonig schön dick ist, ihn in heiß ausgewaschene Schraubgläser abfüllen.

Perlmuttstrauchblütensirup

die edle Alternative zu Flieder

Zutaten

35 g Perlmuttstrauchblüten
300 g Zucker
300 ml Wasser
2-3 Scheiben einer
Bio-Zitrone

Der Perlmuttstrauch, oder auch Kolkwitzie genannt, ist gern gesehen in jedem Garten oder Park. Er strömt einen betörend lieblichen Duft aus, der nicht nur mich, sondern auch Schmetterlinge, Bienen, Hummeln und sogar meine Pferde anzieht. Der Perlmuttstrauch blüht von Mai bis Juni. Seine schimmernden zartrosafarbenen Blüten sind wunderschön anzusehen und ähneln dem heimischen Flieder. Das folgende Rezept kann daher auch mit Flieder zubereitet werden.

Als Erstes die Blüten vorsichtig von den Kelchen zupfen und ganz vorsichtig abspülen. Die Blüten zusammen mit den sauberen Zitronenscheiben im Wasser 30 Minuten köcheln und anschließend langsam abkühlen lassen. Den Topf mit dem Deckel verschließen und über Nacht im Kühlschrank ziehen lassen.

Die Blüten sieben, den Sud mit dem Zucker erneut aufkochen und 5 Minuten bei mittlerer Hitze köcheln lassen. Den Sirup in heiß ausgespülte Flaschen füllen und fest verschließen. Nach Anbruch im Kühlschrank lagern und zügig verbrauchen. Der Sirup schmeckt herrlich zu Prosecco oder zur Zitronenlimonade und ist die Alternative zu Rosenwasser.

Rosenwasser

Zutaten
250 g frische Rosenblütenblätter
(oder 200 g getrocknet)
1 l Wasser

Als Erstes die frischen Blütenblätter vorsichtig abspülen. Den Blattansatz unbedingt abschneiden, da sonst das Rosenwasser bitter wird.

Die Hälfte der Rosenblütenblätter in eine Schale geben, mit kochendem Wasser bedecken und für mindestens 1 Stunde ziehen lassen.

Das Rosenwasser sieben und kurz aufkochen lassen. Jetzt mit den restlichen Rosenblütenblättern vermengen und wieder für 1 Stunde ziehen lassen. Erneut alles sieben, in Fläschchen füllen und gut verschließen.

Rosenblütentee

Zutaten
150 g schwarzer Tee und eine
Handvoll essbare frische Rosenblütenblätter.

Aus Rosenblüten könnt ihr auch einen besonderen Tee zubereiten. Eure Gäste werden begeistert sein von dem Duft und dem Geschmack.

Die frischen Rosenblütenblätter abzupfen, auf einem Küchentuch verteilen und für einige Tage trocknen lassen. Anschließend in einer dunklen Dose aufbewahren.

Beim Aufbrühen des Tees könnt ihr noch ein paar Tropfen Rosenwasser in die Kanne geben. Mit Vanillezucker gesüßt ist der Tee ein Traum.

Eine edle Komposition

aus Mandeln, weißer Schokolade
und einem Hauch Rosenwasser

Rosenwasserkuchen

mit Marzipan und weißer Schokolade

Backutensilien

Springform (26 cm Ø)

Teig

500 g Mehl
50 g Margarine
150 ml Öl
200 g Zucker
1 Pck. Vanillezucker
100 g gemahlene Mandeln
4 EL Rosenwasser
300 ml Mandelmilch
100 ml heißes Wasser
1 Pck. Backpulver
2 Msp. Natron
1 Tafel weiße Schokolade
(80 g z. B. von ichoc)
100 g Marzipan

Glasur und Decke

2 Tafeln weiße Schokolade
1 weiße Fondantrolle*
1 Geschenkband
essbare Rosenblätter
oder Blütendekor

*Ideal für Anfänger, da der
Fondant schon gleichmäßig
ausgerollt und einsatzbereit ist.

Als Erstes die weiße Schokolade vorbereiten. Man kann die Schokolade im Wasserbad zergehen lassen oder mit einem großen Messer in kleine Stücke schneiden – was ihr lieber mögt. Ich habe sie in kleine Stücke geschnitten.

Für den Teig das Mehl, die gemahlenen Mandeln, den Zucker und den Vanillezucker gut durchmixen. Das Marzipan klein schneiden, mit der Margarine und dem Öl vermengen, zu den trockenen Zutaten dazugeben und alles cremig mixen. Nach und nach die Mandelmilch und das heiße Wasser hinzugeben. Als letzten Schritt die weiße Schokolade, das Rosenwasser, das Backpulver und das Natron unterrühren und erneut aufmixen.

Den Ofen auf 175 °C Ober- und Unterhitze vorheizen. Die Springfom mit Backpapier auslegen und den Rand gut einfetten. Die Masse in die Form geben und im vorgeheizten Backofen für 60 Minuten auf mittlerer Schiene backen. Den Kuchen aus dem Ofen nehmen und in der Form abkühlen lassen.

Den Kuchen aus der Form lösen und anschließend stürzen. Wenn der Kuchen „auf dem Kopf" steht, erhält man eine schöne glatte Oberfläche.

Für die Glasur die zwei Schokoladentafeln im Wasserbad schmelzen lassen. Die warme Schokolade mit einem Backpinsel auf den kompletten Kuchen auftragen. Wenn die Schokolade getrocknet ist, den Kuchen mit dem Fondant abdecken und vorsichtig am Kuchen entlang streichen. Hierbei von oben nach unten arbeiten. Den Fondant immer vorsichtig anheben, um Falten glatt zu streichen.

Überstehende Reste mit einem kleinen Messer entfernen und den Kuchen mit einem Geschenkband und den essbaren Rosenblättern verzieren.

Rosenblütenmarmelade

mit essbaren Rosenblütenblättern

Zutaten

10 Handvoll stark duftende,
essbare Rosenblütenblätter
1 kg Gelierzucker
1 Pck. Vanillezucker
2 Zitronen
750 ml Wasser

Die Rosenblütenblätter gegebenenfalls vom Kelch befreien, in kleine feine Stücke schneiden und in eine Schale geben. Die Zitronen auspressen und den Saft durch ein Sieb über die Rosenblütenblätter geben. 3 Esslöffel Gelierzucker hinzufügen und für 2-3 Stunden ziehen lassen.

Jetzt den restlichen Zucker mit dem Wasser aufkochen, die Rosenblütenblätter hinzufügen und 5 Minuten leicht köcheln lassen.

Nun die Marmelade sieben. Wenn ihr noch Blütenblätter in der Marmelade haben möchtet, ein grobes Sieb verwenden, ansonsten ein feines Sieb. Die Marmelade in heiß ausgewaschene Gläser füllen und gut verschließen.

Mein Tipp: Die Marmelade schmeckt herrlich auf einem hellen Brötchen in Kombination mit veganem Frischkäse.

Hefezopf
fluffig und lecker

Backutensilien
Backblech

Zutaten
400 g Mehl
200 ml Soja- oder Mandelmilch
50 g Margarine
1 EL Puderzucker
1 TL Öl
1/2 TL Backpulver
1 Pck. Trockenhefe
1 TL Hagelzucker
etwas vegane Sahne
oder Margarine

Es war gar nicht so leicht, einen fluffigen Hefezopf zu kreieren. Mit frischer Hefe war der Teig zu hart und der Eigengeschmack der Hefe war einfach zu dominant. Mit der Trockenhefe war der Zopf zwar geschmacklich gut, aber der Teig war mir nicht luftig genug. Die Fluffigkeit konnte ich dann durch die Zugabe von Backpulver erreichen.

Die Pflanzenmilch und die Margarine im Topf anwärmen (nicht kochen!) und mit dem Öl, dem Zucker und der Backhefe mit dem Schneebesen gut verrühren.

Das Mehl in eine Rührschüssel geben, darauf die Pflanzenmilch-Margarine-Mischung gießen und mit dem Handmixer (Knethakenaufsatz verwenden) gut durchkneten. Als Letztes das Backpulver hinzugeben.

Den Teig für mindestens eine Stunde ruhen lassen. In drei gleich große Teile aufteilen. Hier unbedingt den Teig abwiegen, denn das Augenmaß täuscht oftmals.

Den Ofen auf 175 °C Ober- und Unterhitze vorheizen. Die drei Teigportionen ausrollen und zu einem Zopf flechten. Mit veganer Sahne oder Margarine bepinseln und mit Hagelzucker bestreuen. Auf mittlerer Schiene 40 Minuten backen. Am besten sofort verzehren, da der Teig leider am nächsten Tag trotz Frischhaltefolie schon hart wird.

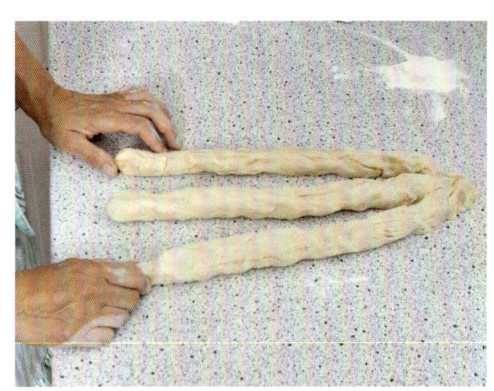

Zimtschnecken

klein, fein und schnell verputzt

Backutensilien
Backblech

Zutaten
400 g Mehl
200 ml Soja- oder Mandelmilch
50 g Margarine
2 EL Puderzucker
1 TL Öl
1/2 TL Backpulver
1 Pck. Trockenhefe
1 TL gemahlenen Zimt
1 TL Hagelzucker
etwas vegane Sahne oder
Margarine

Die Pflanzenmilch und die Margarine im Topf anwärmen (nicht kochen!) und mit dem Öl, dem Puderzucker und der Backhefe mit dem Schneebesen gut verrühren.

Das Mehl und den Zimt in eine Rührschüssel geben, darauf die Pflanzenmilch-Margarine-Mischung gießen und mit dem Handmixer (Knethaken verwenden) gut durchkneten. Als Letztes das Backpulver hinzugeben.

Den Teig für mindestens eine Stunde ruhen lassen.

Den Teig immer wieder halbieren (abwiegen zur Kontrolle), so bekommt man gleich große Teigmengen, die man dann ausrollen und zu kleinen Schnecken eindrehen kann. Den Ofen auf 175 °C Ober- und Unterhitze vorheizen. Meine Empfehlung ist, den Teig in 8 Stücke aufzuteilen, damit diese nicht zu groß sind. Anschließend mit veganer Sahne oder Margarine bepinseln und mit Hagelzucker bestreuen.

Die Zimtschnecken auf mittlerer Schiene 35 Minuten backen. Am besten sofort verzehren, da der Teig leider am nächsten Tag trotz Frischhaltefolie schon hart wird.

Quarkhörnchen
mit Füllung

Backutensilien
Backblech
Strohhalme

Zutaten
400 g Mehl
400 g Sojaquark
250 g Margarine
1 Pck. Vanillezucker
1 Prise Salz

Bei einem konventionellen Hörnchen- oder Croissant-Rezept würden bei 400 g Mehl, wie in unserem Fall, ganze 400 g Margarine verwendet werden. Das war für mich einfach zu viel Fett. Auch die langen Warte- und Kühlzeiten wollte ich gerne umgehen und habe daher nun dieses einfache Rezept für euch. Allerdings müssen die Hörnchen gefüllt sein, sonst fallen sie zusammen.

Das Mehl, den veganen Quark, das Salz und den Vanillezucker mit dem Knethaken einer Küchenmaschine oder eines Handrührgeräts kneten. Den Teig mit sauberen, feuchten Händen zu einem geschmeidigen Teig formen und in Frischhaltefolie für zwei Stunden in den Kühlschrank legen.

Anschließend auf einer bemehlten Fläche zu einem 1 cm dicken Teig ausrollen. Mit Strohhalmen ein Dreieck formen (siehe Bild) und so den Teig für ein Hörnchen ermitteln. Den Teig am Rand des Dreiecks entlang abtrennen.

Nun die Hörnchen nach Herzenslust füllen. Hierfür aber nur die Stirnseite verwenden und auch nur 3/4 der Länge, sonst läuft die Füllung heraus. Kleine Marzipanstückchen, Schokoladenstückchen oder Pudding mit kleinen Fruchtstückchen eignen sich am besten für die Füllung.

Mein Tipp: Wer auf Nummer sicher gehen möchte, kann jedes Hörnchen auch einzeln auf einem Backpapier zubereiten. Überstehende Reste des Papiers wegschneiden und jedes Hörnchen mit Backpapier auf das Backblech legen.

Mein Weihnachtstipp: Zur Weihnachtszeit könnt ihr kleine Äpfel mit Zimt und Zucker im Topf kurz erhitzen und in eure Hörnchen füllen. Hierfür zwei Äpfel schälen und in kleine Stückchen schneiden. Mit zwei Messerspitzen Zimt und einem EL Zucker im Topf erhitzen und, sobald die Masse abgekühlt ist, in die Hörnchen geben. Herrlich cremig wird die Füllung, wenn ihr noch etwas Vanillepudding unterrührt.

Köstlich ohne Backen

Rezepte mit Tatjana Kühr

Mango-Kokos-Törtchen

mit luftigem Zitronenwaffelboden

Backutensilien

Springform (20 cm Ø /
10 cm Höhe)

Die Kekse in einen Gefrierbeutel füllen, den Beutel verschließen und die Kekse mit einem Nudelholz zerkleinern. Ein Mörser eignet sich auch dafür.

Boden

20 Zitronenwaffeln
(Manner, ca. 150 g)
2 EL Alsan(!)-Margarine
1 TL Sojamehl
1 EL Wasser

Die Kekskrümel in die eingefettete oder mit Backpapier ausgelegte Springform geben, mit der Rückseite eines Esslöffels andrücken und in den Kühlschrank stellen.

Die Mangostücke durch ein Sieb abgießen und die pflanzliche Gelatine in kaltes Wasser einrühren.

Topping

200 ml Kokosschlagsahne
100 g Kokosraspel
150 g veganer Frischkäse
2 EL Zucker
2 Pck. Sahnesteif
1 Bio-Zitrone (Abrieb)

Die abgetropften Mangostücke pürieren und in einem Topf mit der aufgelösten pflanzlichen Gelatine 2 Minuten aufkochen lassen. Den Zucker hinzugeben, alles gut verrühren und abkühlen lassen.

Die Kokossahne mit dem Sahnesteif und dem Zucker steif schlagen. Den veganen Frischkäse und die Kokosraspel unterheben. Die Zitrone heiß abwaschen, etwas geriebene Zitronenschale hinzufügen und alles erneut kurz aufmixen.

Guss

230 g Mango aus der Dose
(abgetropft)
1 Beutel (15 g) pflanzliche
Gelatine
100 ml kaltes Wasser

Die Sahnecreme auf dem Keksboden verteilen und glatt streichen. Die abgekühlte Mangomasse vorsichtig mit einem Teigschaber auf die Sahnecreme geben und gleichmäßig verteilen.

Den Kuchen mindestens eine Stunde ins Gefrierfach stellen. Für eine Eistorte zwei Stunden.

Bananen-Pudding-Torte

mit zartem Butterkeksboden

Backutensilien
Springform (24 cm Ø)

Boden
12 vegane Butterkekse
1 EL Margarine
1 TL Sojamehl aufgelöst in
1 EL Wasser

Belag
2 Bananen
400 ml Pflanzenmilch
1 Pck. Vanillepuddingpulver
1 EL Zucker
etwas frischer Zitronensaft
1 EL Zartbitter-Schokosplitter

Die Butterkekse in einen Gefrierbeutel geben, den Beutel verschließen und die Kekse mit einem Nudelholz klein hämmern. Die Margarine im Topf schmelzen lassen, das Sojamehl ins Wasser einrühren und beides zusammen mit den Kekskrümeln in einer Schale von Hand gut vermischen. Alles auf die mit Backpapier ausgelegte Springform geben und mit der Rückseite eines Esslöffels die Kekskrümel gut andrücken. Anschließend kühl stellen.

Das Vanillepuddingpulver mit dem Zucker in 100 ml kalter Pflanzenmilch auflösen.

Die restliche Pflanzenmilch (300 ml) aufkochen und das aufgelöste Vanillepuddingpulver einrühren. Wenn der Pudding schön dickflüssig ist, diesen abkühlen lassen.

Wenn der Pudding abgekühlt ist, eine Banane mit ein paar Spritzern frischem Zitronensaft pürieren und unter den Pudding rühren. Den Bananenpudding auf dem Keksboden gleichmäßig verteilen.

Eine Banane in Scheiben schneiden und auf oder um den Kuchen herum verteilen. Mit ein paar Schokosplittern verzieren und gekühlt genießen.

Himbeer-Sahne-Törtchen

mit Oreo-Keksen

Backutensilien
*Springform (18 cm Ø /
10 cm Höhe)*

Zutaten
*20 Oreo-Kekse
30 g Alsan(!)-Margarine
im Topf geschmolzen
1 TL Sojamehl
1 EL Wasser*

*200 g Himbeeren für die Füllung
100 g Himbeeren für das Topping*

*300 ml gesüßte,
aufschlagbare (!) Sahne
1 Pck. Sahnesteif
2 EL Zucker
1 TL Stärke in
1 EL Wasser aufgelöst*

Die Kekse mit einem Messer vorsichtig trennen: Die weiße Creme vorsichtig abkratzen und Kekse und Creme jeweils in separate Schalen geben. 10 abgetrennte Kekse für das Topping beiseitelegen, den Rest zerkrümeln. Hierfür die Kekse in einen Gefrierbeutel geben, den Beutel verschließen und die Kekse mit einem Nudelholz klein hämmern. Das Sojamehl in einen Esslöffel Wasser einrühren. Die Margarine im Topf schmelzen und mit dem in Wasser aufgelösten Sojamehl zu den dunklen Kekskrümeln hinzufügen. Alles gut vermischen und in die mit Backpapier ausgelegte Springform geben. Mit der Rückseite eines Esslöffels die Kekskrümel gut andrücken und anschließend kühl stellen.

Die Himbeeren aufkochen und sieben. Die passierten Himbeeren mit dem Zucker und der aufgelösten Stärke erneut kurz aufkochen und dann abkühlen lassen.

Die gekühlte (!) Sahne mit dem Sahnesteif steif schlagen und die weiße Creme von den Keksen hinzugeben. Die Hälfte der Sahne nun auf dem Keksboden verteilen. Die abgekühlte Himbeermasse vorsichtig unter die restliche Sahne heben und ebenfalls gleichmäßig auf dem Kuchen verteilen. Mit Himbeeren garnieren und für mindestens eine Stunde ins Gefrierfach stellen. Für eine Eistorte zwei Stunden.

Kurz vor dem Servieren die Springform lösen und das Törtchen mit den restlichen Keksen garnieren.

Ideal sind dafür auch die extra dünnen „Crispy & thin" Oreo-Kekse.

Erdbeer-Blaubeer-Törtchen
mit Cashew-Kokos-Mus

Backutensilien
Springform (18 cm Ø)

Boden
150 g Mandeln
225 g Datteln
Zitronenschale einer ¼ Zitrone
(gerieben)
1 Prise Salz

Füllung
300 g Cashewkerne
(ca. 30 Min. in Wasser eingeweicht)
200 g Kokosöl
100 g Kokosmus
200 g Agavendicksaft
60 ml Wasser
60 ml Zitronensaft
1 Prise Salz
3 EL Sojalecithin
10 Erdbeeren
1 EL Blaubeeren

Dekoration
10 Erdbeeren
20 Blaubeeren
frische Pfefferminzblätter

Schokoladencreme
50 g Backkakao
30 g Kakaobutter
30 ml Agavendicksaft

Die Mandeln in der Küchenmaschine mit dem „S"-Messer (spezielle Messerform) klein hacken. Die Datteln, die geriebene Zitronenschale und das Salz dazugeben und zu einer klebrigen, aber noch bröseligen Masse verarbeiten. Die Ränder und den Boden der Springform mit Kokosöl einfetten.

Die Masse in die Form geben, gleichmäßig auf dem Boden verteilen und dabei mit den Händen oder der Rückseite eines Löffels fest andrücken. 3-5 Erdbeeren in Scheiben schneiden und am Rand der Springform festdrücken. Die restlichen (ganzen) Erdbeeren und ein paar Blaubeeren auf dem Boden verteilen.

Die eingeweichten Cashewkerne abwaschen und mit dem Agavendicksaft, dem Zitronensaft, dem Salz, dem Wasser, dem flüssigen Kokosöl und dem Kokosmus (im Wasserbad geschmolzen) in einen Hochleistungsmixer geben und zu einer homogenen, cremigen Masse mixen. Das Sojalecithin dazugeben und nochmals aufmixen.

Die Masse gleichmäßig in die Springform über die Erdbeeren und die Blaubeeren gießen. Dabei ungefähr eine halbe Tasse im Mixer lassen. Ein paar Erdbeeren zu der restlichen Creme im Mixer geben, kurz mixen und die Creme anschließend großzügig auf der Torte verteilen. Mithilfe eines Zahnstochers lassen sich noch schöne Muster in die Creme zaubern.

Die restlichen Erdbeeren am Rand platzieren und die Blaubeeren in der Mitte verteilen. Die Torte für 2-3 Stunden ins Gefrierfach stellen und anschließend im Kühlschrank aufbewahren. Nach dem Gefrieren kann man die Torte noch mit Schokoladencreme verschönern.

Für die Schokoladencreme alle Zutaten in einen Plastikbeutel geben. Diesen in eine Tasse mit heißem Wasser legen, bis alles zu einer Masse schmilzt. Nun ein kleines Eck von dem Beutel abschneiden (nicht zu groß), sodass genügend Creme durch das Loch kommt. Die Torte nach Belieben mit der Schokocreme verzieren.

Orangen-Cashew-Törtchen

mit Mandel-Zimt-Kugeln

Backutensilien
Springform (17 cm Ø)

Boden
225 g Datteln
75 g Mandeln
30 g Kokosraspel
1 Prise Salz
½ TL Zimt
Orangenschale einer ¼ Orange
(gerieben)

Füllung
300 g Cashewkerne
(ca. 30 Min. in Wasser eingeweicht)
½ TL Vanille
(Mark einer Vanilleschote)
Saft einer Orange
210 g Kokosöl
200 g Agavendicksaft
3 EL Sojalecithin
3 Orangen

Dekoration
50 g Bitterschokolade
Mandel-Zimt-Kugeln (von lovechock)
etwas essbarer Goldstaub

Die Mandeln in der Küchenmaschine mit dem „S"-Messer (spezielle Messerform) klein hacken. Die Datteln, die Kokosraspel, das Salz, den Zimt und die geriebene Orangenschale dazugeben und zu einer klebrigen, aber noch bröseligen Masse verarbeiten. Ränder und Boden der Springform mit dem Kokosöl einfetten. Die Masse in die Form geben und gleichmäßig mit den Händen verteilen oder mit der Rückseite eines Löffels andrücken.

Für die Füllung eine der drei Orangen in schmale Scheiben schneiden und diese nochmals halbieren. Die Hälften mit dem Zimt bestreuen und am Rand der Springform fest andrücken.

Die eingeweichten Cashewkerne abwaschen und das Kokosöl im Wasserbad schmelzen lassen. Zusammen mit dem Orangensaft, dem Agavendicksaft und der Prise Salz in einen Hochleistungsmixer geben und zu einer homogenen, cremigen Masse mixen. Wenn die Masse zu dick ist, einen Schuss Wasser dazugeben. Zum Schluss das Sojalecithin dazugeben und nochmals kurz aufmixen.

Die Haut der Orangen abschneiden und diese filetieren. Die Orangenfilets unter die Creme mischen. Die Masse nun in die Springform gießen und die Torte anschließend für 2-3 Stunden ins Gefrierfach stellen.

Wenn die Torte fest ist, diese aus der Springform lösen. Die Bitterschokolade im Wasserbad schmelzen und zusammen mit den Pralinen und dem Goldstaub den Kuchen verschönern.

Himbeer-Herz-Törtchen
auf Schokoladen-Kokos-Mus

Backutensilien
Herz-Springform (26 cm)

Zutaten
1 kg Kokosraspel
280 g Ahornsirup
480 ml Kokoswasser
8 EL Backkakao
100 g Pekannüsse
eine Handvoll Rosinen
300 g Himbeeren

Creme
1 Banane
2 Avocados
100 ml Ahornsirup
4 EL Backkakao
2 TL Blumengewürz
(FlowerPower)

Die Kokosraspel in der Küchenmaschine mit dem „S"-Messer (spezielle Messerform) ca. 15 Minuten mixen, bis die Kokosraspel zu einer flüssigen Masse werden – so entsteht das Kokosmus.

Den Ahornsirup, das Kokoswasser und den Kakao dazugeben und alles nochmals aufmixen, bis der Kakao gut verteilt ist. Die Masse in eine Schüssel geben und die Pekannüsse sowie die Rosinen unterrühren. Die Springform mit Kokosöl einfetten und die Schokomasse in die Form gießen. Die Torte für 2-3 Stunden einfrieren.

Für die Creme die Banane, die Avocados, den Ahornsirup und den Kakao in einem Hochleistungsmixer zu einer glatten Creme mixen. Die Torte aus dem Gefrierfach holen und die Schokocreme mit einem Spachtel auf der Torte großzügig verteilen. Mit dem Blumengewürz bestreuen und mit den frischen Himbeeren nach Herzenslust garnieren.

Apfelkuchen

mit Vanillecremefüllung

Backutensilien

Backform (26 oder 28 cm Ø)
Backpapier
Teigroller

Zutaten

250 g Margarine
350 g Mehl
8 EL Zucker
1 Pck. Vanillezucker
1 Msp. Backpulver
60 ml Mandel- oder
Soja-Reis-Milch*
750 g Äpfel (4-5 Stück)
1 Zitrone

* Ihr könnt auch Vanillesojamilch
verwenden und dafür den Vanillezucker weg lassen.

Vanillefüllung

1 Pck. Vanillepuddingpulver
400 ml Soja-Reis-Milch
2 EL Zucker

Die Zitrone auspressen und die Äpfel schälen, halbieren und entkernen. Einen Apfel in gleichmäßig große Schnitze schneiden, die restlichen Äpfel würfeln. Die Apfelstücke und -schnitze mit Zitronensaft begießen. Wem das zu viel Mühe ist, kann auch alle Äpfel würfeln und dafür die Streusel dichter legen.

Die Grundzutaten (Mehl, Zucker, Margarine, Backpulver und Vanillezucker) gut mixen und dabei die Pflanzenmilch unterrühren. Für die Streusel zwei eiskugelgroße Portionen des Teigs entnehmen und in eine separate Schale geben. Die Springform mit Backpapier auslegen und den Rand gut einfetten. Den Teig auf dem Backformboden auslegen, dabei 2-3 Fingerbreit nach oben drücken. Dann den kompletten Teigboden mit einem kleinen Teigroller (sieht aus wie ein kleines Nudelholz am Stiel) ausrollen. Wenn der Teig zu klebrig ist, was passieren kann, wenn beispielsweise die Margarine zu warm war, einfach immer wieder den Teig mit etwas Mehl bestäuben.

350 ml Sojamilch im Topf zum Kochen bringen. Die Milchmenge wird bewusst reduziert, damit der Pudding richtig schön dick wird, da die Äpfel beim Backen noch Wasser abgeben. Die restlichen 50 ml in einer kleinen Schale mit dem Puddingpulver und 2 EL Zucker verrühren. Die aufkochende Pflanzenmilch vom Herd nehmen und mit dem Schneebesen das angerührte Puddingpulver einrühren. Nun die gewürfelten Äpfel auf dem Teig verteilen und die heiße Puddingcreme darüber gießen.

Für die Streusel den restlichen Kuchenteig nehmen und teelöffelweise Mehl hinzugeben. Dabei den Teig auf kleinster Stufe jeweils kurz mixen (5 Sekunden). Sobald die Streusel klein genug sind, kann man optional noch zwei Teelöffel Zucker oder einen Teelöffel Vanillezucker hinzugeben.

Den Ofen auf 175 °C Ober- und Unterhitze vorheizen. Die Apfelschnitze kreisförmig auf dem Kuchen verteilen und mit den Streuseln berieseln. Für 60 Minuten auf mittlerer Schiene backen. Den Kuchen aus dem Ofen nehmen und in der Form abkühlen lassen.

Mein Tipp: Der Kuchen schmeckt am nächsten Tag noch besser. Deshalb am besten am Vorabend backen und über Nacht an einem kühlen Ort abgedeckt ziehen lassen.

Dann mit etwas Puder- oder Zimtzucker bestreuen.

Obstkuchen vom Blech

ideal für Kirschen, Aprikosen oder Zwetschgen

Backutensilien
Backblech (ca. 40 x 60 cm)

Zutaten
400 g Mehl
180 g Zucker
200 g Margarine
100 ml Sojamilch Vanille
1/2 Pck. Backpulver

Puddingbelag
700 ml Soja-Reis-Milch
2 Pck. Vanillepuddingpulver
4 EL Zucker
500-600 g frische Früchte
(Pflaume, Kirsche oder Aprikose)
oder aus dem Glas.

Streusel
150 g Mehl
1 EL Zucker
1 Pck. Vanillezucker
25-30 ml Sojamilch

Für den Boden Mehl, Zucker und Margarine gut durchmixen und nach und nach die Sojamilch hinzugeben. Als Letztes das Backpulver hinzufügen. Der Boden benötigt nur sehr wenig Backpulver, sodass er fest und kompakt wird.

Den Teig auf ein mit Backpapier ausgelegtes Backblech geben und mit einem kleinen Teigroller ausrollen. Wenn der Teig zu sehr kleben sollte, ihn immer wieder mit Mehl bestäuben oder mit nassen, sauberen Händen auslegen.

Für den Belag den Pudding aufkochen: Hierfür 650 ml Soja-Reis-Milch in einen Topf geben und erhitzen lassen. Währenddessen mit einem Schneebesen in einer extra Schale die 2 Packungen Puddingpulver mit 4 EL Zucker in die restliche kalte Soja-Reis-Milch (50 ml) einrühren. Den Topf vom Herd nehmen und unter ständigem Rühren die Creme in die fast kochende Soja-Reis-Milch einrühren, bis der Pudding schön dick wird. Den Boden gleichmäßig mit dem warmen Vanillepudding bestreichen. Als Nächstes die Zwetschgen oder Aprikosen waschen, halbieren und entkernen. Früchte aus dem Glas, z. B. Kirschen, müssen nur abgegossen werden. Die Früchte auf der Puddingcreme verteilen und dabei vorsichtig eindrücken.

Den Backofen auf 175 °C Ober- und Unterhitze vorheizen. Für die Streusel alle Zutaten (Mehl, Zucker, Vanillerzucker und Sojamilch in beliebiger Reihenfolge) kurz mixen. Je länger ihr mixt, desto kleiner werden die Streusel. Oft reichen schon ein paar Sekunden. Wenn die Streusel noch zu sehr kleben, mit etwas Mehl bestäuben. Wer die Streusel besonders süß mag, kann noch einen Teelöffel Vanillezucker hinzugeben. Den Apfelkuchen 50 Minuten auf mittlerer Schiene backen. Nach dem Backen den Kuchen aus dem Ofen nehmen und in der Form abkühlen lassen.

Mit aufgeschlagener Sahne oder mit einer Kugel Vanilleeis (siehe Rezept auf Seite 80) genießen.

Rote-Bete-Muffins
mit Vanillefrosting

Backutensilien
2 Muffinbackbleche
24 Muffinförmchen (Papier)

Die Rote Bete in kleine Stücke schneiden (Handschuhe tragen, da Rote Bete schrecklich abfärbt) und zusammen mit dem Mehl, dem Zucker und dem Vanillezucker mit dem Handmixer vermengen.

Teig
ca. 250 g Rote Bete (vorgekocht)
300 g Mehl
100 g Zucker
50 ml Himbeersirup*
1 Pck. Backpulver
2 Msp. Natron
5 EL Mohn
2 EL Vanillezucker
200 ml Soja-Reis-Milch
(oder andere Pflanzenmilch)
150 ml Öl

(* Das Rezept dazu findet ihr auf Seite 88)

Nach und nach die Pflanzenmilch, das Öl und den Himbeersirup hinzugeben. Wenn der Teig schön cremig ist, das Backpulver und das Natron hinzugeben. Ist der Teig zu dick, 50 ml warmes Wasser hinzugeben.

Den Backofen auf 175 °C Ober- und Unterhitze vorheizen.

Die Muffinförmchen in ein Muffinblech geben und mit einem Teigportionierer zu ca. 3/4 befüllen. Wer keinen zur Hand hat, verwendet einen Esslöffel.

Auf mittlerer Schiene 22 Minuten backen. Nach der Backzeit den Stäbchentest machen: Ein Holzstäbchen in die Mitte eines Muffins stecken und wieder herausziehen. Klebt noch Teig am Stäbchen, die Backzeit um 3 Minuten verlängern.

Den Ofen ausstellen und bei leicht gekippter Ofentür die Muffins auskühlen lassen.

Frosting (Zuckerhäubchen)
250 g Puderzucker
80 g Alsan(!)-Margarine
(Zimmertemperatur)
20 ml Sojamilch Vanille
etwas geriebenes Vanillepulver

Für das Frosting die Margarine cremig mixen, nach und nach den Puderzucker, das Vanillepulver (Vanillezucker geht auch) und die Sojamilch hinzugeben. Für mindestens 30 Minuten kühl stellen. Die Frostingcreme in Spritzbeutel geben und die erkalteten Muffins damit verzieren. Man kann auch mit einem Esslöffel nur einen Klacks Frosting auf den Muffin geben. Mit etwas Mohn garnieren.

Dekoration
1 EL Mohn

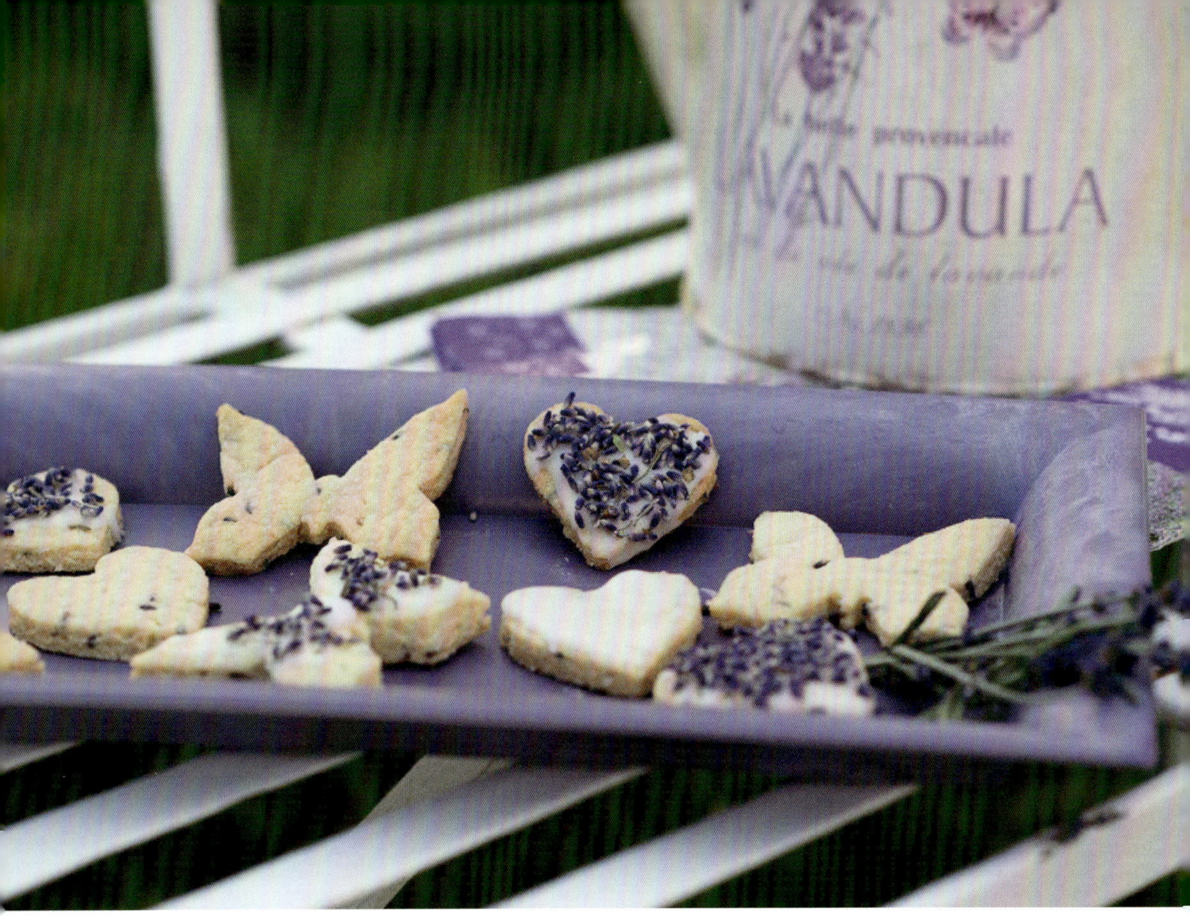

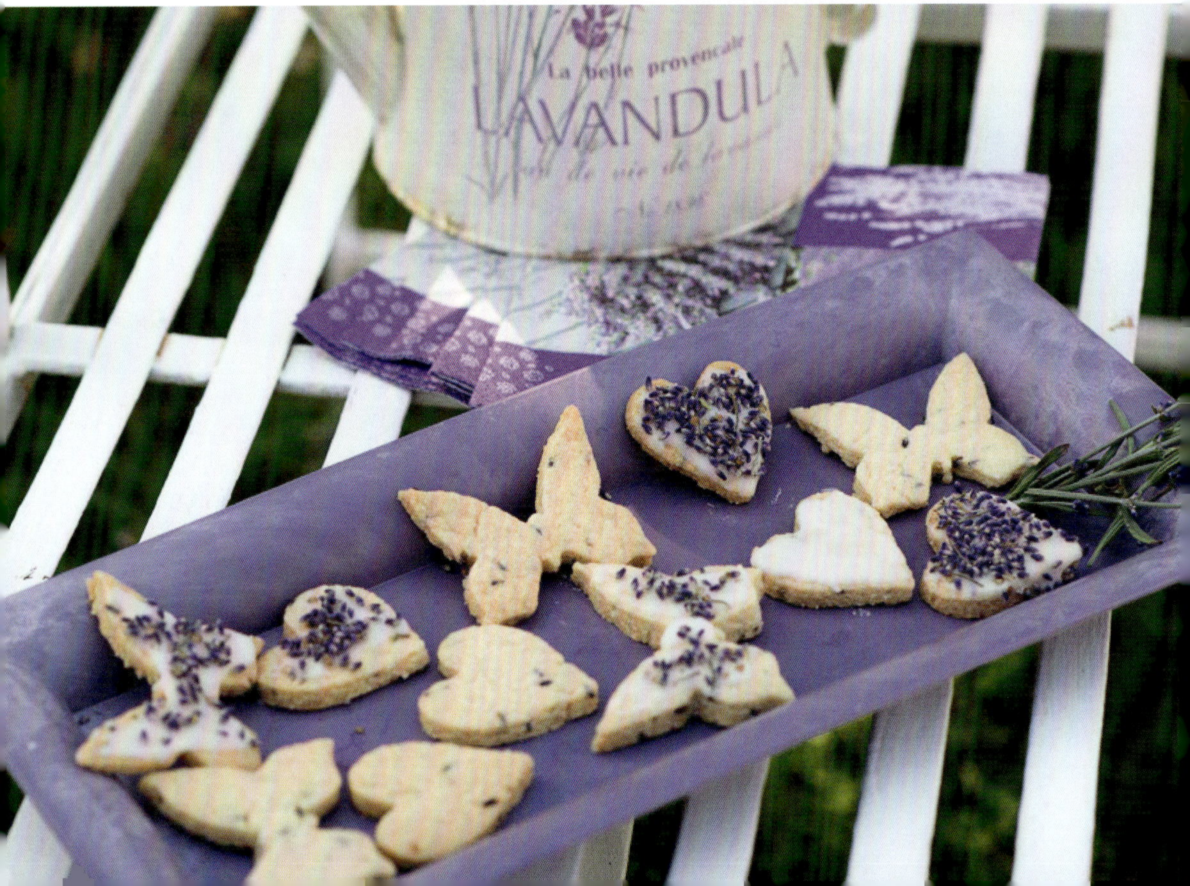

Lavendelblütenkekse

mit echten Lavendelblüten

Backutensilien
Kekssaustecher
(Herz & Schmetterling)
Backblech

Zutaten
400 g Mehl
1 EL Öl
50 ml Sojamilch Vanille
(oder 50 ml Mandelmilch +
1 Pck. Vanillezucker)
125 g Margarine
(bei Zimmertemperatur)
1 EL Sojamehl
oder 15 g Speisestärke
2 EL Lavendelblüten
100 g Zucker

Dekoration
1/2 TL Lavendelblüten
und 50 g Puderzucker
zum Bestäuben*

*Wenn ihr keinen Puderzucker
zur Hand habt, könnt ihr welchen
mit gewöhnlichem Haushaltszucker in der Kaffeemühle
zubereiten

Als Erstes die Margarine mit der Pflanzenmilch, dem Öl und dem Soja-mehl mithilfe eines Schneebesen von Hand verrühren. Anschließend den Zucker, die Lavendelblüten und das Mehl hinzugeben und mit einem Handmixer vermengen. Den Teig mit sauberen, nassen Händen bearbeiten.

Wenn der Teig zu sehr klebt, für 30 Minuten in Frischhaltefolie gewickelt in den Kühlschrank legen. Wer es eilig hat, kann aber auch einfach mit extra Mehl arbeiten: Dabei Hände und Teig immer wieder mit etwas Mehl bestäuben, so lässt er sich einfacher verarbeiten.

Den Teig auf einer bemehlten Arbeitsfläche ausrollen und mit Keksförm-chen nach Herzenslust ausstechen.

Den Ofen auf 175 °C Ober- und Unterhitze vorheizen und die Kekse auf mittlerer Schiene 15-17 Minuten backen. Anschließend bei leicht ge-kippter Ofentür auskühlen lassen.

Wenn die Plätzchen abgekühlt sind, diese mit Puderzucker bestäu-ben oder mit einem Zuckerguss bepinseln. Hierfür nimmt man auf 50 g Puderzucker ca. einen Teelöffel kaltes Wasser oder Zitronensaft. Mit dem Schneebesen gut verquirlen. Die Kekse bepinseln und mit Lavendelblüten verzieren.

Wusstet ihr? Lavendelblüten vertreiben übrigens nicht nur Motten aus eurem Kleiderschrank, sondern helfen auch bei Kopfschmerzen: 20 g getrocknete Lavendelblüttenblätter und 20 g getrocknete Zitronen-melissenblätter mit einem Liter kochendem Wasser übergießen, 5 Minuten ziehen lassen, abfiltern und schluckweise trinken.

Mein Tipp: Lavendelblüten im Säckchen, mit einer schönen Schleife ge-bunden, sind zusammen mit unseren Keksen ein hübsches Mitbringsel.

Holunder-Rhabarber-Muffins

mit Erdbeerbuttercreme-Häubchen

Backutensilien
1 Muffinblech
12 Muffinförmchen

Teig
125 g Rhabarber
(geputzt und geschält)
200 g Mehl
25-50 ml Holunderblütensirup
75 ml Rapsöl
(geschmacksneutral)
100 ml Sojamilch Vanille
25 ml Sprudel
1/2 Pck. Backpulver

Erdbeer-Buttercremehäubchen
1/2 Pck. Erdbeerpuddingpulver
200 ml Sojamilch
125 g Alsan(!)-Margarine
(auf Zimmertemperatur)
60 g Puderzucker

Als Erstes den Rhabarber waschen und an beiden Enden abschneiden. Die festen und bitteren Fasern entfernen: Am unteren Ende der Rhabarber-Stangen mit einem kleinen Küchenmesser an der Schnittstelle ansetzen und die roten harten Fasern nach oben hin abziehen. Den Rhabarber in kleine 1 cm große Stückchen schneiden. Diese in eine separate Schale geben, mit 2 Esslöffel Zucker bestreuen und gut verrühren.

Die trockenen Zutaten (Mehl, Zucker, Backpulver) mischen, nach und nach die flüssigen Zutaten beimengen und alles schön cremig mixen.

Den Ofen vorheizen und die Muffinförmchen in ein Muffinblech setzen. Pro Förmchen 1 Esslöffel Teig hineinfüllen und 1 Teelöffel Rhabarberstückchen auf den Teig geben. Mit einem weiteren Esslöffel Teig bedecken.

Bei 175 °C auf mittlerer Schiene 22 Minuten backen.

Bei gekippter Ofentür eine halbe Stunde abkühlen lassen und dann aus dem Ofen nehmen.

Für die Erdbeer Buttecreme-Häubchen 25 ml kalte Sojamilch mit der halben Packung Erdbeer-Puddingpulver und dem Zucker mischen. Die restlichen 175 ml Sojamilch aufkochen lassen, von der Kochstelle nehmen und das angerührte Pulver untermengen. Unter ständigem Rühren erneut kurz aufkochen. Mit Frischhalte- oder Alufolie bedecken (so bildet sich keine Haut) und abkühlen lassen.

Die Alsan-Margarine kurz mixen und esslöffelweise mit dem Puderzucker und dem abgekühlten Erdbeerpudding gut durchmixen. Die Buttercreme 20 Minuten in den Kühlschrank stellen, bis sie fest geworden ist. In einen Spritzbeutel füllen und die Muffins mit kleinen Häubchen verzieren.

Rhabarber-Streuselkuchen

mit Erdbeercreme vom Blech

Backutensilien
1 Backblech

Teig
500 g Rhabarber
(geschält und geputzt)
500 g Mehl
200 g Margarine
(auf Zimmertemperatur)
150 ml Mandelmilch
80 g Zucker + 2 EL für
den Rhabarber
1 Pck. Vanillezucker
1/2 Pck. Backpulver

Erdbeerpudding-Creme
700 ml Sojamilch
2 Pck. Erdbeer-Puddingpulver
4 EL Zucker

Streusel
150 g Mehl
1 EL Zucker
1 Pck. Vanillezucker
25 ml Mandelmilch

Als Erstes den Rhabarber waschen und an beiden Enden abschneiden. Die festen und bitteren Fasern entfernen. Am unteren Ende der Rhabarber-Stangen mit einem kleinen Küchenmesser an der Schnittstelle ansetzen und die roten harten Fasern nach oben hin abziehen.

Den Rhabarber in kleine 1-2 cm große Stückchen schneiden. Diese anschließend in eine separate Schale geben, mit 2 Esslöffel Zucker bestreuen und gut verrühren.

Für den Teig die trockenen Zutaten in beliebiger Reihenfolge vermengen. Nach und nach die Mandelmilch und Margarine hinzufügen und weiter mixen.

Das Backblech mit dem Backpapier auslegen und mit eingemehlten Händen den Teig gleichmäßig verteilen. Wenn der Teig sich zu schwer auslegen läßt, ihn zwischen zwei Backpapierbögen ausrollen.

50 ml kalte Mandelmilch mit dem Erdbeer-Puddingpulver und dem Zucker mischen. Die restlichen 650 ml Mandelmilch aufkochen lassen, von der Kochstelle nehmen und das angerührte Pulver untermengen. Unter ständigem Rühren erneut kurz aufkochen.

Den noch heißen Erdbeer Pudding mit dem gezuckerten Rhabarber mischen und gleichmäßig auf dem Kuchenboden verteilen und glatt streichen.

Für die Streusel alle Zutaten in beliebiger Reihenfolge mixen. Je länger man mixt, desto kleiner werden die Streusel.

Die Streusel auf den Kuchen streuen und im vorgeheizten Backofen auf mittlerer Schiene bei 175 °C Ober- und Unterhitze 45 Minuten backen.

Erdbeer-Holunder
Frischkäsecremetorte

Backutensilien
Springform (18cm Ø)

Als Erstes den Kuchen zubereiten: Hierfür alle trockenen Zutaten (Mehl, Mandeln, Vanillezucker, Zucker, Speisestärke) vermengen. Nun das Rapsöl, die Mandelmilch und das Backpulver hinzugeben und alles schön cremig mixen. Als Letztes den Sprudel hinzufügen und alles erneut kurz aufmixen.

Die Springform mit Backpapier auslegen und den Rand mit Margarine gut einfetten. Bei 175 °C Ober- und Unterhitze auf mittlerer Schiene für 30 Minuten backen. Nach der Backzeit einen Stäbchentest machen.

200 g Mehl
100 ml Mandelmilch
90 g Zucker
75 ml Rapsöl
(geschmacksneutral)
1 TL Speisestärke
50 g gemahlene Mandeln
1 Pck. Vanillezucker
100 ml Sprudel
1/2 Pck. Backpulver

Creme und Füllung

2 Pck. Agar-Agar (30 g)
50 ml kaltes Wasser
1/2 Zitrone (Saft)
150 ml Holunderblütensirup
300 ml vegane gesüßte Sahne
(aufschlagbar)
300g veganer Frischkäse
700 g frische Erdbeeren

Zum Bestreichen

4 EL Erdbeerkonfitüre
(ohne Stücke)
1 EL Holunderblütensirup

Hierfür ein Holzstäbchen in die Mitte des Kuchens stecken. Klebt beim Herausziehen noch flüssiger Teig am Stäbchen, die Backzeit um weitere 5 Minuten verlängern.

Den Kuchen mindestens 2 Stunden abkühlen lassen.

Für die vegane Frischkäsecreme das Agar-Agar-Pulver in 50 ml kaltem Wasser auflösen und mit dem Holunderblütensirup unter ständigem Rühren 2 Minuten kochen. Den Topf von der Herdplatte nehmen und den frischen Zitronensaft hinzugeben. Nach 3 Minuten Abkühlzeit den veganen Frischkäse hinzugeben und anschließend die Masse in den Kühlschrank stellen.

Die vegane Sahne steif schlagen, in die kalte Frischkäsemasse vorsichtig unterheben und anschließend ins Gefrierfach stellen.

Den abgekühlten Kuchen aus der Springform lösen und den oberen aufgegangen Teil mit einem Brotmesser gerade abschneiden.

Den Kuchen nun mit einem großen Brotmesser in zwei Scheiben halbieren. Hierbei den oberen Teil ein wenig dünner lassen.

Die untere Kuchenscheibe auf die gewünschte Tortenplatte geben. Auf die Höhe achten, da der Kuchen im Kühlschrank gelagert werden muss.

4 Esslöffel Erdbeermarmelade mit 1 Esslöffel Holunderblütensirup vermischen und 2 Teelöffel auf der Kuchenscheibe verteilen. Den Rand fingerbreit aussparen. Um den unteren Boden einen Tortenring setzten. Mit etwa 4-5 Esslöffel der eiskalten veganen Frischkäsecreme bestreichen. 10-14 Erdbeeren (je nach Größe) halbieren, mit der Schnittfläche nach außen dicht an den Rand setzen und an den Tortenring andrücken. In die Mitte ein paar ganze Erdbeeren setzten und mit der veganen Frischkäsecreme bedecken. Die zweite Kuchenschicht aufsetzen, mit 2 Teelöffel Holunder-Erdbeersauce bestreichen und den Rand fingerbreit aussparen. Die restliche Frischkäsecreme auftragen und verteilen.

Die restliche Erdbeer-Holunder-Sauce in einen Gefrierbeutel geben und ein kleines Eck abschneiden (nicht zu groß!), sodass die Sauce tröpfchenweise durch das Loch kommt

Die Torte nach Herzenslust mit der Sauce beträufeln und mit Hilfe eines Holzspießchens verteilen.

Es muss nicht
immer süß sein.

Frischkäsetörtchen
herzhaft & salzig

Utensilien
Springform (18 cm Ø)

Boden
120 g Schwarzbrot
50 g Cashewkerne
50 g Margarine
1 TL Kräutersalz

Cashewkäseschicht
80 g Cashewkerne
100 ml Pflanzenmilch
8 g (1 gehäufter EL) Hefeflocken
1/2 TL Salz
2 Msp. Paprikapulver edelsüß

Frischkäseschicht
150 g fein geriebene Karotten
450 g Frischkäse (bedda)
1 Schalotte
oder 1/2 Lauchzwiebel
10 g (1-2) Knoblauchzehen
2 g frische Petersilie
2 g frischer Schnittlauch
1/2 TL Kräutersalz

Dekoration
1 Bund frischer Schnittlauch
1 Radieschen
1 Scheibe Scheibenkäse (bedda)

Das Schwarzbrot im Toaster rösten oder im Ofen kross backen und danach zerkleinern. Die Brotstückchen und Cashewkerne im Standmixer zerkleinern. Die Margarine im Topf schmelzen und mit dem Kräutersalz mischen. Die Brot-Cashew-Krümel in den Topf mit der aufgelösten Margarine geben, gut mischen und die Masse auf den Boden der eingefetteten Springform andrücken. Anschließend die Springform 20 Minuten kühl stellen.

Die Cashewkerne für den Cashewkäse mit einer Kaffeemühle fein mahlen. Die gemahlenen Kerne zusammen mit der Pflanzenmilch in ein Gefäß geben und mit einem Pürierstab kurz aufmixen. Alles in einen Topf geben, mit den Hefeflocken, dem Salz und dem Paprikapulver verrühren. Danach kurz aufkochen. Sofern die Masse zu dünnflüssig ist, etwas länger kochen lassen. Dabei jedoch rühren und aufpassen, dass die Masse nicht anbrennt. Wenn die Masse dagegen zu dickflüssig ist, etwas Pflanzenmilch hinzufügen.

Die frischen Kräuter mit der Zwiebel, dem Knoblauch, dem Salz und dem Frischkäse im Standmixer cremig mixen.

Die Karotten fein raspeln und in einem Küchentuch das Wasser gut ausdrücken. Die Karottenraspel auf den Schwarzbrotboden geben und mit drei Esslöffeln Cashewkäse bestreichen.

Die Frischkäse-Kräuter-Creme dazugeben, glatt streichen und für 20 Minuten im Gefrierfach anfrieren lassen.

Die Springform lösen und die Torte mit Schnittlauch umranden. Mit einem Blumenausstecher aus der Käsescheibe Blumen ausstechen und auf der Torte verteilen. In die Mitte ein Radieschen setzen.

Katharina Kuhlmann

„Deutschlands Vorzeigeveganerin" (dpa)

Katharina Kuhlmann, geboren 1977 in Hannover, wohnt mit ihrem Lebensgefährten, ihren zwei Kindern und ihren Tieren in Überlingen am Bodensee.

Im Sommer 2013 war Katharina Gastgeberin in der Sendung „Das perfekte Promi Dinner" auf VOX (Ausstrahlung Januar 2014).

Katharina überraschte ihre Gäste mit ihren Kreationen und gewann damit erstmalig in der Geschichte der Sendung mit rein veganer Küche.

Motiviert durch diesen Erfolg konzentrierte sie sich immer mehr auf ihr neues Hobby, das vegane Backen. Dies sprach sich im Bodenseekreis schnell herum, und prompt folgten die ersten Anfragen von umliegenden Cafés.

Katharina stellte daraufhin einen Antrag bei der Handwerkskammer für eine Ausnahmebewilligung, um die Prüfung zur veganen Konditorin ablegen zu dürfen. Der Antrag wurde bewilligt, Katharina bestand die Prüfung und richtete ihre eigene kleine Backstube in ihrem Haus ein.

Für das VEGAN-Magazin arbeitet sie seit 2015 als Food-Kolumnistin und präsentiert dort monatlich ihre veganen Back- und Kochideen.

Katharina ist Tierschützerin und arbeitet ehrenamtlich für die Tierechtsorganisation PETA Deutschland e.V. Sie ist außerdem Botschafterin der veganen Gesellschaft Deutschland e.V.

Kontakt: www.katharina-kuhlmann.com

Katja Ott
Kreativ aus Leidenschaft

Katja Ott hat nicht nur einen Großteil der im Buch verwendeten, wundervollen Fotos geschossen, sondern auch mit viel Liebe und Hingabe die Gestaltung des Backbuches übernommen.

Schon zu Zeiten ihres Studiums zur Mediendesignerin hat sie sich am Fotografieren erfreut. Seit 2015 arbeitet sie selbstständig als Fotografin und fotografiert am liebsten „alles, woran das Herz hängt": Ob Tier-, Familien- oder Kinderfotografie – alles wird von ihr mit viel Hingabe und Leidenschaft mit der Kamera festgehalten. Für das VEGAN-Magazin fotografiert sie seit 2016 die Koch- und Backrezepte von Katharina Kuhlmann.

Auch Katja engagiert sich für den Tierschutz und unterstützt ehrenamtlich viele Kampagnen, z. B. für PETA Deutschland e.V., oder sammelt Spenden für regionale Tierheime und Tierschutzorganisationen.

In ihrem Zuhause in Mengen beherbergt und versorgt sie unter anderem auch in Not geratene Tiere.

Katja Ott nimmt nicht nur die Fotokamera in die Hand, sondern auch Grafikdesign und Videoproduktionen fallen in ihr Repertoire.

Kontakt: www.katjaott.de

Register

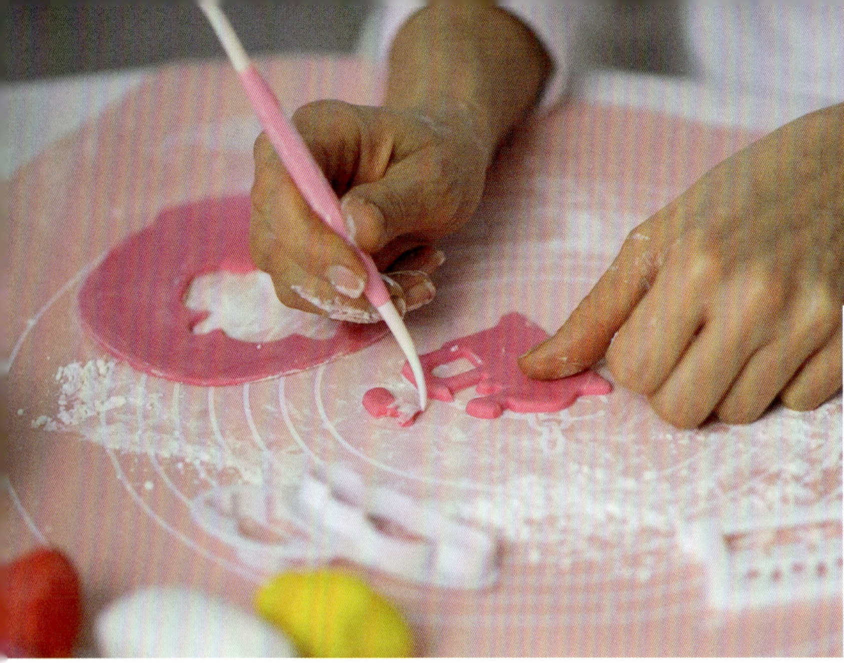

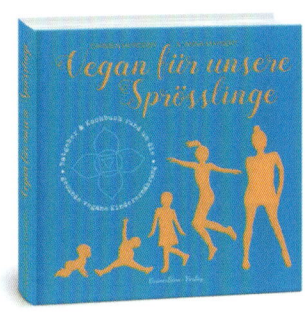

Kathi backt

www.kathi-backt.shop

www.kathi-backt.shop

Alles was ihr zum Verschönern und Gestalten eurer veganen Tortenkreationen braucht, findet ihr in meinem Shop: Vegane Lebensmittelfarben, essbarer Glitzer, Fondant in Farben des Regenbogens, Backformen, Ausstecher sowie viele Tipps und Videoanleitungen für die Verwirklichung eurer Zuckerträume. Wie zum Beispiel für die kinderleichte Herstellung dieser süßen Zugtorte mit Skittles-Überraschung.
Das Rezept dazu mit Schritt-für-Schritt-Anleitung findet ihr in dem neuen Buch von Carmen Hercekfi „Vegan für unsere Sprösslinge" ab September 2019 im Veganverlag erhältlich.

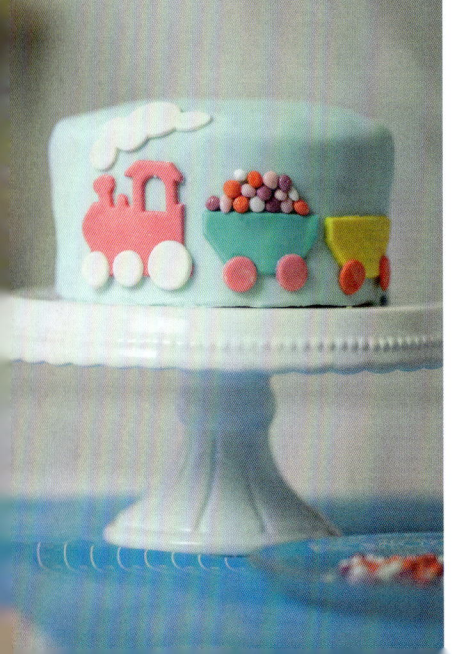

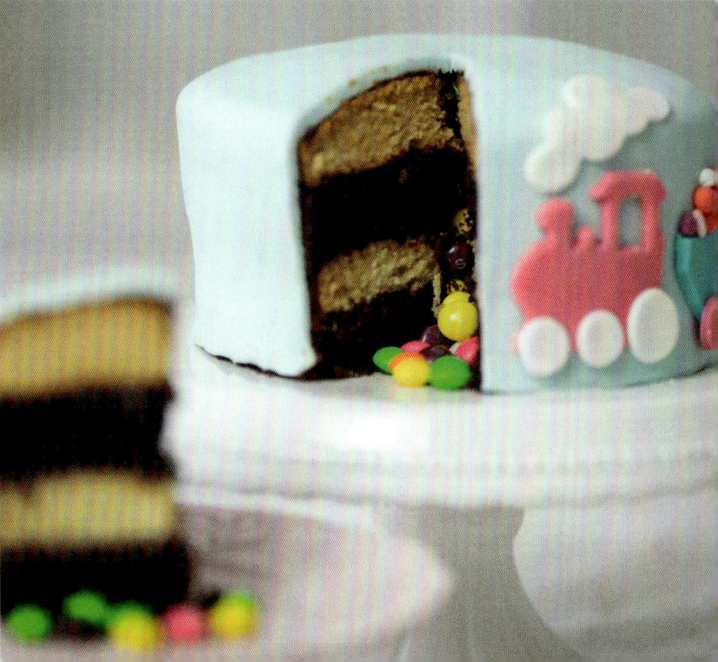